皇陵探秘系列

墓史密码之
神秘的西夏皇陵

白玉京 著

辽宁人民出版社

© 白玉京 2023

图书在版编目（CIP）数据

墓史密码之神秘的西夏皇陵 / 白玉京著 . —沈阳：辽宁人民出版社，2023.4
（皇陵探秘系列）
ISBN 978-7-205-10475-7

Ⅰ.①墓… Ⅱ.①白… Ⅲ.①陵墓—研究—银川—西夏 Ⅳ.① K928.76

中国国家版本馆 CIP 数据核字（2023）第 027456 号

出版发行：	辽宁人民出版社
地　址：	沈阳市和平区十一纬路 25 号　邮编：110003
电　话：	024-23284191（发行部）　024-23284304（办公室）
	http://www.lnpph.com.cn
印　　刷：	北京长宁印刷有限公司天津分公司
幅面尺寸：	165mm×235mm
印　　张：	16.75
字　　数：	200 千字
出版时间：	2023 年 4 月第 1 版
印刷时间：	2023 年 4 月第 1 次印刷
责任编辑：	赵维宁
封面设计：	乐　翁
版式设计：	一诺设计
责任校对：	耿　珺
书　　号：	ISBN 978-7-205-10475-7
定　　价：	49.80 元

前　言

西夏，这个曾经雄霸西北、占据丝绸之路要道、兵强马壮、繁花似锦的王朝，在灭亡后淡出了历史舞台，留下的只有贺兰山脚下那矗立着的一座座荒坟野冢，以及一段段待后人挖掘和留在民间真假难辨的谜团。

直到西夏灭亡数百年之后，一个打着探险、考古旗号，其实是以寻宝、盗墓为实质目的的俄国探险者科兹洛夫带着他的队伍闯入了黑水城，发现了掩埋在佛塔下的无数珍贵经书、典籍以及一具女性尸骸，从此便正式向当今世人揭开了西夏这个古老王国的神秘面纱。

此后的数十年间，随着贺兰山脚下的西夏皇陵再度被发现，无数国内外的探险家、考古学家、史学家不断探访、研究，抽丝剥茧，试图透过西夏皇陵挖掘出更多有关西夏王朝的秘密；其间，种种假设与或真或假的民

墓史密码之神秘的西夏皇陵

间传言，也在有关专家学者们孜孜不倦、不断追寻真相的过程中勾起了普罗大众探秘猎奇的心理。

这些都使得这个中古时期活跃在中国西北的古老文明更加富有奇幻和神秘色彩。

如今，当我们千里迢迢从四面八方来到贺兰山脚下，踏上那片黄沙的时候，一切静默，所有风霜都随着岁月的流转而沉淀下去，留下的只有眼前那一座座高低不一、错落有致、被风雨洗刷过千百回的高大黄土堆以及倒塌损毁的断壁残垣。

这里残留着党项人曾经的粗犷与骄傲。

夕阳西下的余晖洒在西夏皇陵遗址间，将长长短短的斑驳阴影投射在金子般的黄沙之上，令人忍不住浮想联翩。

那曾经不可一世的王朝霸业、曾有的万里辉煌，都在700多年前的千军万马、尸山血海中随时间而流逝。

脚下的这片万里黄沙究竟有多少传奇故事、多少悲欢离合，又曾经孕育了一个怎样的文明？

如此不容小觑的文明又是如何消亡在历史长河中的呢？

希望翻开此书的你能在这里找寻到答案，并带着对一个王朝历史的思索，踏入这片广袤神秘的土地。

目　录

前言 001

序章：铁蹄下的毁灭 001

第一章　千年的等待 011

　　一、隐秘的石碑 013

　　二、寻找黑水城 019

　　三、意外收获 024

　　四、贺兰山脚下埋藏的秘密 028

　　五、东方金字塔 033

第二章　辉煌的开始 041

　　一、三大陵墓 044

二、从奠基到建国 050

三、探秘3号陵 085

第三章　锐意图治 095

一、年少有为 096

二、沉睡千年的中古文明 146

第四章　帝国的黄昏 153

一、从衰落到灭亡 155

二、发掘之谜 185

三、父子合葬一墓 191

第五章　玉殒香消空留恨 201

一、一座西夏太后陵，为何出现一男三女遗骸？ 203

二、埋葬在灵光寺附近的西夏皇后 210

三、佛塔女尸之谜 213

第六章　历经风雨而不倒的"守陵者"...........221

  一、风雨同舟...........222

  二、西夏皇陵的三个秘密...........228

第七章　在异国他乡的国宝...........233

第八章　拨开历史的迷雾...........239

  一、黑水城的传说...........241

  二、西夏灭亡之后，党项人的后代都去了哪里？...........244

  三、党项人与西北文化...........249

参考书目...........256

后　记...........257

序章

铁蹄下的毁灭

墓史密码之神秘的西夏皇陵

中华上下五千年灿烂辉煌的历史文化，离不开各民族的拥护和缔造，如果将灿烂夺目的中华文明史比作一条奔流不息的长河，那么各民族的文化就是其中一朵朵绚烂的浪花。

洛阳家家学胡乐，万里羌人尽汉歌。

翻开历史的篇章，从春秋战国赵武灵王时期的胡服骑射，一直到后期北魏孝文帝的汉化改革，似乎每个历史阶段都少不了各民族之间的交流与融合。

而中古的辽宋时期，不但是一个铁马金戈、风云变幻的年代，还是一个民族交融频繁的年代。

在这个阶段，原本活跃于中国东北地区的契丹人建立了雄霸一方、幅员万里的"辽"帝国，与南边由赵匡胤所建立的北宋形成了分庭抗礼的局面。

不过，在辽、宋两大政权势力对峙的同时，中国西北边一个名叫"夏"（西夏）的政权也孕育而生。

序章　铁蹄下的毁灭

在现今很多人的脑海中，对"西夏"这个王朝的印象更多来自金庸先生的武侠小说作品《天龙八部》。在该小说中，西夏是一个雄霸西北的政权，段誉、慕容复、虚竹等人都纷纷前往应选驸马。

而在小说《鬼吹灯》里，鹧鸪哨曾与了尘长老一同前往传说中西夏国的黑水城寻找雮尘珠，经历了一番惊险与刺激的故事。

然而，真实历史中的西夏虽没有小说里那般神奇迷幻，却也充满了神秘色彩。它的帝陵目前是否完好、里面究竟是什么样等一系列问题就像钓鱼时使用的鱼钩，牢牢地勾起了人们的好奇心，使人们心向往之，并想一探究竟。

但要探究神秘的西夏帝王陵墓，我们得先从西夏这个中古时期占据西北要地、雄霸一方的神秘王朝的历史以及其陵墓是如何被后人所发现的开始说起。

西夏（1038—1227）是由党项人（主要以古羌人的一支与鲜卑、吐蕃等部族融合而成的民族）李元昊效仿宋朝官制在中国西北地区建立的一个以党项人为主体的多民族地方割据政权，历经十帝，共189年，疆域涵盖今天的宁夏回族自治区、陕西北部、青海、甘肃及内蒙古自治区部分地区，东靠黄河，西至玉门关，北接大漠，南临萧关（今宁夏回族自治区同心县），总面积约为77万平方千米。

如果从唐朝末年（881）党项先祖拓跋思恭被唐王朝封为"定难军节度使""夏国公"，占据夏州（今陕北地区的横山区）开始算起，西夏前

墓史密码之神秘的西夏皇陵

后的历史共有 346 年，不仅比在北方的辽国存在时间长，也比西南边的两宋加在一起的时间还要长。

李元昊建国时，定国号为"大夏"（自称邦泥定国或大白高国），因地处北宋西北边，故而被北宋称作"西夏"。

西夏自开国以来就像一匹黑马，与辽、宋两国以及后来居上取代辽国的金国，长期形成了三足鼎立、分制天下的局面，雄霸西北近两个世纪，铸就了多姿多彩的灿烂文明。

但就是这样一个不可小觑的王朝，千百年来留给后人的则更多是传说，在正史中仅有星星点点的足迹。

究其原因，则是西夏末年其与兴起于大漠的蒙古发生的几次规模浩大的战争，直接将这个曾经傲视于中国西北的帝国拖入了毁灭。

12 世纪中后期，西夏天盛十四年（1162，南宋绍兴三十二年），生活在漠北草原上的蒙古乞颜部诞生了一位被西方人称作"上帝之鞭"的伟大人物——孛儿只斤·铁木真。

到了西夏天庆十三年（1206，南宋开禧二年），铁木真统一蒙古后逐渐壮大，在被众蒙古部落推举成为"成吉思汗"的同时，也将征服的目光扫向了草原之外的地域。

他的第一个目标就是西夏。

据史书记载，自西夏天庆十二年（1205，南宋开禧元年）三月开始，蒙古正式建国之前，铁木真就已经采取"先弱后强"的政策，对西夏发动了一次试探骚扰式的进攻，并一击得手。

此后蒙古便对西夏发动了多次进攻，每次都大肆掠夺人畜，烧毁城池，直至最后将其摧毁消灭，前后共耗费22年的时间。

蒙古攻打西夏的理由很简单，主要有四条：一是西夏一直"脚踏两条船"，在向蒙古俯首称臣的同时又与蒙古的敌对势力金国交好；二是西夏不按时向蒙古纳岁币交"保护费"；三是西夏不出兵跟随蒙古攻伐；四是西夏没有将皇子送到蒙古去做质子。

对，你没看错，"质子"这一春秋战国时期流行的法则，到了辽、宋、金时期，依然是各个割据政权之间保持和平友好的基础原则。

面对新兴起而又强悍的蒙古骑兵，早已日落西山、国力衰退的西夏自然是无法抵抗的。

此时的西夏面临着内忧外患、腹背受敌的尴尬局面：一方面，西夏内部封建统治者的腐朽，造成了西夏境内广大农牧民日渐高涨的不满情绪，致使国内经济实力由高向低逐渐下滑；另一方面，西夏自中期开始极力效仿宋朝，着力推行以儒治国的方针，从而忽略了对武将兵马的历练，使得原本彪悍勇武的党项人变得意志消沉，迷恋于浮华奢侈的生活。

西夏天庆十三年（1206），西夏国的镇夷郡王李安全与夏桓宗母罗氏合谋发动政变，李安全废桓宗自立，改元应天。

但李安全在位期间昏庸无能，破坏了与北边金国的睦邻友好关系，执意发兵侵金，使本来就国力衰退的西夏雪上加霜，加重了军费负担，

墓史密码之神秘的西夏皇陵

使得国内民众对朝廷的不满情绪愈演愈烈。

后期李安全又依附于兴起的蒙古，这一切都为日后西夏的灭亡埋下祸根。而蒙古也看出了西夏国力的衰退，从而将西夏作为自己的盘中餐，不断蚕食、侵略，直至其灭亡。

就在李安全坐上帝王宝座的第二年，也就是西夏应天二年（1207），成吉思汗率领蒙古骑兵再次南下伐夏。

此时的成吉思汗为了孤立金国，选择先干掉与金国有联盟关系的西夏。

蒙古大军闪电般攻打了西夏的边境城池斡罗孩城（今内蒙古自治区乌拉特中后旗西境）。

蒙古骑兵一出现在城外，就遭到了西夏士兵们的顽强抵抗，最终失败撤退。

但这并没有结束。

西夏应天四年（1209），蒙古成功占领了高昌回鹘，这使得西夏在西面与蒙古之间失去了河西走廊这一重要的缓冲区域，北面完全被蒙古所包围，羊入虎口只是时间问题。

而蒙古第三次进攻西夏则就是从刚刚夺取的河西走廊开始的。

这一次蒙古骑兵显然做好了充分的战前准备，势如破竹，无人可挡，再一次攻打斡罗孩城，西夏大将李承祯战败，其将领高逸也被活捉。

而后，蒙古骑兵顺势而进，一路暴走，逼近克夷门（今称"三关口"，位于宁夏回族自治区银川市西郊西夏皇陵西南一带），西夏都城中兴府（今宁夏回族自治区灵武西南）危在旦夕。

当时，西夏的大将嵬名令公主动请命带兵设伏蒙古骑兵，但仅仅维持了两个多月就被蒙古骑兵击败，西夏都城瞬间陷入蒙古骑兵的包围圈。

此刻的襄宗皇帝李安全真是叫天天不应，叫地地不灵，最后只能委曲求全，接受"附蒙伐金"的条件以及奉上大量赔款，蒙古才勉强答应放过苟延残喘的西夏。

于是，西夏接下来长达十几年的噩梦也由此开始。

西夏"附蒙伐金"的错误政策，不仅将枪炮对准了先前的盟友金国，还耗费了大量的钱财来承担蒙古与本国在前线的全额军费，财政负担大幅度增加，劳民伤财的局面越发明显，加之统治阶层的黑暗与腐朽，进一步加深了政府与治下百姓之间的互相不信任，使得西夏国内从上至下人人离心离德，没有了凝聚力。

西夏皇建二年（1211），西夏再一次发生了政变，齐王李遵顼将昏庸好色的李安全赶下皇帝宝座，自立为帝，后世称"神宗皇帝"。

据史书记载，这位李遵顼是中国历史上第一位也是唯一一位状元皇帝，可谓是妥妥的"高材生"，有着传奇般的一生，但这个神宗皇帝的执政能力并不怎么神。

自他当政之后，西夏继续实行着李安全时期的"附蒙伐金"政策，造成国内矛盾继续加深。

墓史密码之神秘的西夏皇陵

西夏光定七年（1217），成吉思汗发动了第四次攻伐西夏的战争，理由是西夏不出兵随蒙古出征作战。

神宗皇帝一听蒙古骑兵又来了，吓得立刻卷铺盖一口气逃到了灵州（今宁夏回族自治区吴忠市）避难。

西夏光定十三年（1223），神宗皇帝不想做一个亡国之君，于是立刻退位让贤，将自己政变夺过来的皇帝宝座传给自己的儿子李德旺。

李德旺也就是献宗皇帝，与自己的父亲相比，还是稍微有点儿能力的。

由于之前经历了蒙古骑兵多次进攻，他深知蒙古绝不会轻易放过西夏，而西夏若再一次次地被蒙古欺压下去，迟早会走向亡国的道路。

经过几番衡量之后，献宗决定恢复西夏之前"联金抗蒙"的政策，与金国再度联手，准备将蒙古这颗"定时炸弹"彻底清除。

但这一绝密的消息不慎被蒙古得知。

当时蒙古率军的大将为孛鲁，便于西夏乾定二年（1224），点齐兵马进攻西夏，并成功拿下了银州（今陕西省榆林市横山区党岔镇）。

西夏士兵一见成群结队、气势汹汹的蒙古骑兵似一团乌云般而来，顿时吓得三魂悠悠、七魄袅袅，纷纷丢盔弃甲，仓皇而逃。

西夏乾定四年（1226），蒙古大军已经一路挺进，侵入了西夏的沙洲（今甘肃省敦煌市）。

令成吉思汗决意要再征西夏的原因依旧是西夏违反了蒙古与西夏之

间的条约。

这一回，铁木真决心要彻底灭了西夏。

他亲率一支部队首先拿下了西夏与蒙古交界的黑水城（今内蒙古自治区额济纳旗达来呼布镇），紧接着又击败了西夏大将阿沙敢不，一路势如破竹来到了浑垂山。而另一路蒙古骑兵则由铁木真麾下大将阿答赤带领，依次拿下了西夏境内的甘州、沙州和肃州等地。

看着如此凶猛的蒙古骑兵一天天在逼近，献宗皇帝整天茶不思、饭不想，最终忧郁成疾而死。

最后一位登基的西夏皇帝是南平王李睍，年号"宝义"。

李睍登基后，做的第一件事就是派使臣去金国谈合作，修复破碎的两国关系，希望能一起联合抵抗蒙古。

而就在这个时候，蒙古那边也发生了一件大事。

英勇无比、如天神一般的成吉思汗在一次外出狩猎的途中突然坠马受了重伤，从此卧床不起，直到1227年七月死于六盘山的行宫内，享年66岁。

正史《元史》记载："秋七月壬午，不豫。己丑，崩于萨里川哈老徒之行宫。"而当时整个蒙古大军，包括成吉思汗本人的行宫在内，都处在前往西夏征伐的路途中。

这看似上苍给西夏的一线生机，实则却敲响了西夏亡国前的催命丧钟。

墓史密码之神秘的西夏皇陵

就在成吉思汗死后没多久，蒙古的铁骑就冲破了西夏军的最后一道防线，西夏末帝李睍被迫只能出城投降。

成吉思汗的嫡四子拖雷，依照成吉思汗生前的嘱托，将出城投降的西夏末帝李睍处死，其尸首安于何处不详。随后，蒙古大军的铁蹄踏入西夏都城中兴府，开始了残酷的屠城。

中兴府城内大多数建筑都毁于蒙古的铁蹄与大火之中，城中的百姓四散奔逃，人间炼狱般的场景活生生地上演着。

当然，被毁灭的除了西夏这个政权和它的建筑外，还有承载西夏各阶段历史的帝王陵墓。

这些记录了西夏党项人从建国走向辉煌的如同历史档案般的西夏皇陵，也跟随着西夏皇族们的尸体一起被蒙古铁骑无情地踏碎，掩埋在了贺兰山脚下那片千里的金沙之下，静静地等待着后世有缘人来发掘，并与其王朝的历史记忆一同再次被带回人们的视野中。

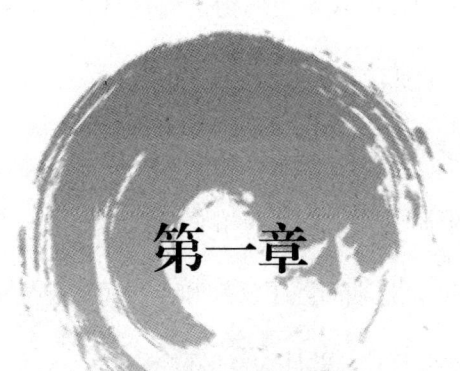

第一章

千年的等待

墓史密码之神秘的西夏皇陵

帝王陵墓，是封建时代帝王们为了满足自我及其执政王朝"永垂不朽"的愿望的一种象征。

我国的帝王陵墓不仅数量众多，堪称世界之最，而且历史也非常悠久，从第一个奴隶制王朝"夏"开始算起直至最后一个封建王朝"清"，前后共历经 4000 年。这期间除了汉族和少数民族建立的统一王朝外，还包含了一些地方割据政权，共计 500 多位帝王。

秦、汉两朝皇陵，明十三陵以及清东陵，这些帝王陵墓都是我国所有皇陵中名声最大、规模宏大的皇家陵墓群，而与这些名满天下的皇陵相比，西夏皇陵就显得有些"名不见经传"了。前者都是造就了中华灿烂文明史的统一和多民族融合的大王朝，而西夏只是一个位于西北边陲的小型割据政权，甚至现如今在正史二十四史中我们都找不到多少有关西夏王朝的资料。而从宋、辽、金三史的附传中拼凑出来的西夏信息，也只限于王朝大事记，更别说与埋葬西夏历代帝王紧密相关的陵墓记载了。

第一章 千年的等待

贺兰山地处内蒙古自治区与宁夏回族自治区的交界，绵延足有200多千米。历史上，这里曾是兵家必争之地，见证过无数场残酷的战争与悲壮的历史。秦朝时期，大将军蒙恬领兵几十万北上击败了不可一世的匈奴，占据了贺兰山一带。从此，贺兰山及周边一带正式成为中原王朝领土的一部分，同时也成为千百年来农耕民族与游牧民族双方必争之地。而神秘的西夏皇陵区就位于贺兰山下这片古老的区域内。

这片当年埋葬西夏帝王的皇家陵墓群，自从1227年蒙古铁骑踏破西夏都城中兴府的大门后，就跟随西夏这个国家一起消失在人们的视线中，在戈壁金沙之下沉睡了数百年，留在世间的只有它与其背后的西夏王朝的一些相关传说。

当戈壁滩清晨的曙光照耀在这片埋藏已久的墓葬建筑群上时，细碎的阳光穿透历史厚重的泥土向这些圆形的墓冢张开怀抱，呼吸俯仰之间，近千年的等待终于有了回应。

一、隐秘的石碑

明代中期，庆靖王朱栴的第六子塞王朱秩炅在看见贺兰山脚下那壮观的西夏帝王陵景象时曾有感而发，写下了"贺兰山下古冢稠，高下有

墓史密码之神秘的西夏皇陵

如浮水沤。道逢古老向我告，云是昔时王与侯"的诗句。

从这两句诗中我们也可看出，至少到了明代中期时，还有人知道西夏皇陵的所在处。

但可惜的是，朱秩炅的这首关于西夏皇陵的《古冢谣》在当时并未引起人们的重视。

此后，随着岁月蹉跎、朝代更迭，久而久之，就连流传在世间的传说也开始变得模糊不清，直到清代著名学者张澍的一次偶然发现，才算又唤醒了人们对这个神秘王朝的一些早已远去的记忆。

张澍（1781—1847），字百瀹，号介侯、介白，甘肃武威人，清嘉庆四年（1799）进士，选翰林院庶吉士。

张澍一生研究非常广泛，在文学、经学、史学、方志学、敦煌学、金石学、姓氏学、辑佚学等领域都有着卓越的建树，著有《养素堂文集》《养素堂诗集》《续敦煌实录》《秦音》《抵疑》《姓氏五书》等，辑有《二酉堂丛书》。

他在学术领域的研究成果得到了当时学术界的高度认可，在清末时期，"晚清中兴四大名臣"之一的张之洞在《书目答问》一书中就将其列为经学、史学以及金石学等领域的专家。

清嘉庆九年（1804），此时的清王朝已经从一个雄壮的东方巨龙形象逐渐褪去光环，走向了腐朽与堕落。作为供职朝廷多年的进士，张澍对庙堂上的腐败氛围已是相当失望，于是借着身体有病的理由告假，回到了阔别已久的家乡，专心搞起了学术研究，闲下来便与昔日的好友们聚在一起，踏春赏景，吟诗作对，过得十分惬意自在。

一日，闲来无事的张澍约了几位好友一起到凉州（今甘肃武威）游览。在凉州清应寺内观赏时，他偶然发现寺内僻静之地有一座被砖石封得严严实实的诡异碑亭。

在好奇心的驱使下，张澍对这座诡异又神秘的碑亭产生了浓厚兴趣，于是便向寺里的僧人询问此碑亭的前因后果。

僧人们告诉张澍，这碑亭几百年来一直是这样，谁也不清楚里面究竟有什么。

听到这里，张澍的好奇心更强了，于是便找到寺内的方丈询问能否将碑亭外密封着的砖石砸开，好对其一探究竟。

方丈一听要砸开密封在碑亭外部的砖石，立刻将头摇得跟拨浪鼓似的，直接拒绝了张澍的请求。他告诉张澍道："这碑亭已经存在了几百年，里面封印着邪祟，绝不能砸开，否则会有灾难降临。"

张澍虽然身处封建时代，却是个少有的无神论者。他料想到这碑亭内必定隐藏着一个不为人知的惊天秘密，但绝不可能是什么牛鬼蛇神之类的邪祟。

经过一番苦口婆心的劝说之后，张澍以邪祟诅咒转嫁自己身上绝不会牵连旁人为誓言代价，终于使得方丈同意了将密封在碑亭外的石砖砸开。

墓史密码之神秘的西夏皇陵

方丈完全是被张澍真诚而执着的言辞所感动了。

张澍凭借着自身学者的威望和敢作敢当、不惧危险的勇气，赢得了方丈和众僧人的信任。

这碑亭被石砖密封了几百年，谁也不知道砸开石砖后会发生什么事情，因此当密封在碑亭外的石砖被铁锤一下下砸出声响时，在场所有人的内心都很紧张，手心都捏了一把汗。

石砖一点点被砸破、掉落，而碑亭内隐藏了几百年的秘密也逐渐露出了真容。

并没有邪祟，也没有诅咒，碑亭内除了一块石碑静静地矗立在那外，什么也没有。

石碑上除了刻着文字外，左右边缘还有精美的条纹，宛如两条飞龙在盘旋环绕。

张澍走近石碑，借着夜晚皎洁的月光认真端详着石碑上的文字。

只见面前这石碑上密密麻麻刻着不下百个端正的楷体文字，但看了半天张澍连一个字也认不出。

出于史学家的敏感与好奇，张澍感觉这些神秘的文字应该是一种早已失传了的古文字，并且属于一个早已消失的文明。

想到这里，他的脚步不自觉地移动，转到了石碑的背面。他一抬头，猛然发现石碑的背面竟然还刻着许多汉字。

这使得张澍欣喜若狂，于是便立刻认真地阅读起上面的汉字。

第一章　千年的等待

张澍从碑上所刻的汉字内容得知，面前的这块石碑是为了纪念护国寺感应塔的建成而立的。

碑文末端落款处刻着"天祐民安五年"六个字。

这六个字显然是某个朝代帝王的年号，但精通历史的张澍对这个年号感到很陌生。

当晚张澍带着从清应寺石碑上拓印下来的拓片回到了家中，开始挑灯夜战，专心研究起来。

在翻阅大量史籍之后，张澍终于找到了答案。

在《宋史》中有这样一段记载："天祐民安元年六月，夏与宋约定绥州附近国界。"显然《宋史》里所写的这个"天祐民安"就是当时与宋商议边界的夏国所用的年号无疑，而当时被宋称作"夏国"的政权就只有地处西北的西夏了。

如此一来，那些刻在寺院中石碑上的奇特文字自然也就是早已失传的西夏文字无疑了。

张澍这一重大发现，为当今研究西夏王朝及西夏帝王陵墓的史学家和考古学家们留下了一个开启时光之门的密码。

从此，这个沉睡了近千年的古老而神秘的王朝被唤醒，重新回到人们的视野中。

张澍在所撰写的《书西夏天祐民安碑后》中写道："此碑自余发之，乃始见于天壤，金石家又增一种奇书矣！"

墓史密码之神秘的西夏皇陵

可惜的是，在当时那个国力日渐衰退、内忧外患的年代里，张澍的这一重大发现也只在国内学界引起了一些关注，在民间却并没有引起多大反响。加之当时的西夏文字如同天书一般，若不是"西夏碑"上刻有汉字翻译，使人能够轻易知晓其中的含义，世间根本就没有一人能看懂这种早已失传了的文字。

张澍原本计划要编纂一部西夏史，经过几个春秋的呕心沥血，总算粗具规模。

但是，一次张澍出门办事，因为走时匆忙，忘记了将写好的书稿整理归纳，不巧大扫除的家人误将他书桌上堆积如山的草稿当作了一堆废纸，将其丢进火盆中烧毁，付之一炬。

这次意外对张澍的打击着实不小，从此他再也没有写过关于西夏的任何文字，直到晚年才在所著的《凉州府志备考》一书中写过《西夏纪年》两卷附录。

若说张澍发现"西夏碑"只是留给后人一个开启通往神秘西夏王朝大门的密码，那么在此一个世纪之后，俄国探险家彼得·库兹米奇·科兹洛夫在内蒙古阿拉善地区的一次探险之旅，则是彻底将通往西夏的大门向世人敞开了。

二、寻找黑水城

清光绪三十四年（1908），在经历了两次鸦片战争、英法联军火烧圆明园、太平天国运动及甲午战争等一系列大事件之后，孱弱且病入膏肓的中国已经彻底被西方列强掐住脖子压垮在地，像一头年迈无力的狮子一般奄奄一息。

与此同时，西方史学界却掀起了一股探寻古代东方文明史的浪潮。

于是，大批真真假假的史学家、探险家纷纷不远万里来到神秘而又古老的东方，开始进行实地"考古"活动。

而当时号称俄国大探险家、考古学家的彼得·库兹米奇·科兹洛夫便是其中之一。

彼得·库兹米奇·科兹洛夫（1863—1935），出生于斯摩棱斯克州杜霍夫希纳城，1887年毕业于圣彼得堡军事学校，是俄国的探险家、考古学家。他在1883年至1926年，对我国新疆、内蒙古、西藏、青海、甘肃、宁夏等地区进行过多次考古探险活动，成绩显著；而他一生最辉煌的成就便是在中国发现了西夏的古城遗址"黑水城"，从而发掘出近4000件文物，其中包括珍贵且仅存的一本党项文与汉语双语词典《番汉合时掌中珠》。

1908年，在沙皇政府和俄国皇家地理学会的支持下，科兹洛夫开始了他的第六次中国探险之旅。

这一次他的目的是要找寻一座在中国北方地区早已消失的古代城池——哈拉浩特。

哈拉浩特是蒙古语，意思是"黑色的城池"，因而翻译成汉语时也被人们称作"黑水城"。

关于黑水城，民间一直有很多相关的传说。而其中之一便是说，在很久之前有位黑将军在城中的地下埋藏了数不尽的金银珠宝，但在那之后，这座城池便在人间消失了。

大漠孤烟直，长河落日圆。

戈壁荒滩的荒凉景象给人一种无穷尽的孤独感。

而这种孤独感不但没有动摇科兹洛夫此次探险的信心，反而使他对找到传说中的那座神秘黑水城更增添了几分期待与激动。

多次的中国探险使科兹洛夫深知"人情关系"在中国的重要性。

他在这次中国之旅的日记中写下了一句话："在这片荒漠草原中唯一的主人是达西王爷，如果你能拜访他就会有所收获。"

科兹洛夫日记里所提到的这位达西王爷是当地蒙古族土尔扈特部的首领，也是这片草原上唯一有生杀大权的人。在科兹洛夫之前，所有来到这里的外国探险队都会雇用土尔扈特人来做他们的向导。

但是想要找到一位称心如意的向导并不容易。当地蒙古族人对那些外国探险者并不信任，因此想要找到传说中的黑水城，科兹洛夫需要付出一些代价。

对于这一点，科兹洛夫自然也很清楚，因此他给了达西王爷一大笔贿赂金及一些当时在中国境内很难见到的奇珍异宝。

有付出当然就有回报。

达西王爷非常热情地款待了眼前这位远道而来的客人，并在之后为其安排了一位经验丰富的向导。

跋涉了几个月，经历了几次沙漠中最可怕的沙尘暴天气之后，一行人终于找到了哈拉浩特。

因为荒废已久，展现在众人眼前的古城遗址早已与这片沙漠融为一体，成了一片废墟。科兹洛夫在日记中对这次探险旅程做了如下描述：

寻找传说中黑水城的过程并不容易……我们越接近哈拉浩特就越能感受到这片沉睡之地的诱惑与召唤，那里难道真的是死亡之城吗？在翻越了一座座的沙丘之后，传说中神秘的黑水城终于出现了。我永远不会忘记那一刻欣喜若狂的心情。这是一座被沙丘半包裹着的废弃城池，城池的西北角耸立着孤傲的塔，而城池内则是一大片正方形的空地，地上有许多高低错落、宽宽窄窄的古代建筑遗址。我们的营地驻扎在这座城池的中央区域，在黏土夯成的足有两层楼高的建筑遗址上，与之相连的是一座早已被毁坏的寺庙。所有的发掘都非常细致，在地上或地下所找到的每一样新物品，都让我们所有人感到欣喜。

但科兹洛夫一行人并没有在这里找到传说中的宝藏，却意外地发现了一个被掩埋了数百年的文明。

探险队在古城遗址中前后足足挖掘了三四天，将大批文物运回了俄国，之后便离开了。

几个月之后，科兹洛夫收到了来自千里之外的俄国皇家地理学会的回信，要求他返回黑水城。因为科兹洛夫从那里寄回到俄国的文物有可能是震惊世界的发现，所以俄国皇家地理学会希望他回到那里发掘出更多有价值的文物。

于是，科兹洛夫的第二次黑水城挖掘行动便很快展开了。

回到俄国后，科兹洛夫很快便被晋升为上校，还被当时的沙皇召进皇宫里，亲自为沙皇及王公大臣们讲述自己带队探险黑水城的全过程以及发掘到"宝贝们"时的离奇故事。沙皇听得如痴如醉，连连叫绝，仿佛身临其境一般。

在科兹洛夫所写的《死城之旅》一书中，有这样一段话：

我的大部分时间是在定远营度过的，这儿有各种各样的工作需要我来做。但我的内心深处十分牵挂着贺兰山，很想早一点儿进入这座美丽的山。在我们沿着和滕郭勒峡谷攀登贺兰山途中路过一座山峰时，在那里度过的一段时间是让我感觉最为惬意、美妙的时光。山的两边是像波浪一样延伸的长丘，它们被薄雾轻笼，一直伸向远方；山的西部是无边无际的沙漠，东边则是黄河那闪着银光的"水带"。而我当时是一个人坐在那里，静静地坐在那里，没有任何人来打扰我。

从以上这段文字我们便可看出，当时的科兹洛夫有可能已经知道贺兰山下埋藏着更多有关西夏的秘密，甚至已经发现了那里是西夏帝王陵墓群的所在地，因此才会想去一探究竟，但是各种各样的因素阻碍了他的行程。

毫无疑问，科兹洛夫的这次发掘是一项震惊世界的重大发现，它彻底打开了通往西夏古国的大门，揭开了西夏古国的神秘面纱，也是当时的人们最接近西夏帝王陵墓群的一次。

但由于受到语言、文化等方面客观条件的影响，俄国对西夏这个神秘古国的研究只能算是冰山一角；而另一方面，中国在过去很长的时间里，也受到俄国方面公开的有限信息的影响，从而导致对西夏历史以及西夏帝王陵墓的研究十分有限。

然而，令谁都没有想到的是，就在科兹洛夫发掘黑水城遗址的几十年后，一位德国飞行员在航行过贺兰山时无意间的一次航拍却意外地拍到了西夏帝王陵墓群的庐山真面目，从而使神秘的西夏再一次轰动全世界。

三、意外收获

世间万物每一分每一秒都在发生变化。

同样的，人与事在不经意间也都在发生着微妙的变化。

因此，没有什么是永恒不变的。

如果说，这世间有什么东西可以将某些事物或人保持原样留存下来的话，用相机拍摄下来的照片无疑是最好的选择。

20世纪30年代的中华民族，正处在一个内忧外患、战火纷飞的动荡时期。

能从留存下来的影像及照片中去回望那段悲痛的历史是一件很不容易的事。

因为有关那个年代的历史影像与照片留存至今日的并不多。

而在几万英尺的高空俯拍的影像与照片就显得弥足珍贵了。

1926年，德国汉莎航空公司在该国首都柏林成立。

当时的汉莎航空公司几乎包揽了德国所有的空中航线，拥有150多架飞机，遍布全球8万千米的航线网络，占全世界空中运输业7.5%的份额。

而当时的中国虽然战火纷飞，积贫积弱，但依旧是一个人口大国，而且幅员辽阔，因此它对汉莎航空公司来说是一块绝不能放弃的"蛋糕"。

于是在德国成立不久的汉莎航空公司便与中国建立了合作关系，派出最好的飞行员到中国进行航线考察工作。

1933年至1936年，一个名为迪特·格拉夫·卡斯特尔的德国汉莎航空公司的年轻飞行员被派往中国进行考察工作。

1905年，迪特·格拉夫·卡斯特尔出生在德国一个中产阶级的贵族家庭中。"摄影"一词对于那时的大多数人来说，是个既遥远又时髦的事，可对于有着良好家庭背景的卡斯特尔来说，这并不算什么。

当时卡斯特尔有一部随身携带的徕卡相机。

卡斯特尔除了喜欢开飞机外，对摄影也是情有独钟，经常喜欢拿着相机四处拍摄，记录生活中的点点滴滴。

由于工作的特殊性，卡斯特尔便在工作的同时随身携带着心爱的徕卡相机，在飞行航线的同时进行无忧无虑的拍摄。

在执行工作任务的过程中，卡斯特尔飞行了十多条中国的航线，几乎贯穿了中国的东西南北。

墓史密码之神秘的西夏皇陵

他在飞行的过程中兴奋地拿出随身携带的徕卡照相机,对地面上的景色进行拍摄。

也许,当时年轻的卡斯特尔并没有意识到,自己将会是历史上第一个用相机航拍中国的摄影师,更不会想到自己会因为这次的拍摄记录下一些足以引起考古界注意的画面。

他在飞行至贺兰山时,发现山脚下的地面上有一些奇特的东西,说不上来究竟是建筑还是自然风貌。

那里耸立着很多圆锥形状的大土堆。

这些圆锥形状的土堆从几万英尺的高空俯视来看,很像是古埃及法老的金字塔建筑。

卡斯特尔不知道的是,在他看到这些"金字塔"前,这些"金字塔"已经静静矗立在贺兰山脚下这片土地上有数百年之久。

几百年来,当地没有一人能说清这些"金字塔"究竟是什么,又是从何而来。

在这次拍摄中,卡斯特尔一共拍下了1500张照片,记录了20世纪30年代的中国独特的自然景观与地貌特征,以及有别于西方的民族文化和历史古迹。

在此之后,返回德国的卡斯特尔将这些照片整理成册,并最终出版,名为《中国飞行》。

在影集的末尾,卡斯特尔写道:"从我到达中国的那一天至今,眼前的这片土地已经发生了巨大的变化。而在今后，它又将有如何翻天覆地的改变，让人难以想象。我坚信，我们为中国航空所做的一切并没有白费。在今后也许更长的时间里，它终将慢慢显露出对这个古老庞大国家的影响力。"

的确，对于当时大部分的西方人来说，在古老的东方，中国是一个充满了神秘色彩的国家，因此卡斯特尔的这些照片一问世便迅速惊动了当时整个西方世界，同时也自然而然引起了一批考古学家的注意。

他们对卡斯特尔拍摄的那些"东方金字塔"很感兴趣。

有人甚至大胆猜测，这些似金字塔般的巨大土堆有可能是陵墓，却不知道它们的墓主人是何许人也。

据卡斯特尔自己回忆："当我看到那些圆锥形状类似巨大的白蚁堆的大土堆时，脑海中下意识联想到的就是埃及法老的金字塔。"

而在贺兰山当地，关于这些土堆数百年来一直众说纷纭，但绝大部分都是不切实际的牛鬼蛇神故事，或者是以讹传讹的沙漠盗宝传说。

而人们翻遍史书，却找不到与之相关记载的只言片语。

散落在黄沙上的破砖碎瓦却明确告诉世人，这里曾经遭受过一次或者是数次大规模的人为毁灭性破坏。

既然如此，又是谁曾经到访过这片神秘的土地并进行了破坏呢？

没有人知道答案是什么。

这个疑问一直困扰着当时的考古学家们。

墓史密码之神秘的西夏皇陵

一直到1972年,兰州军区某部队在贺兰山下的一次意外挖掘才彻底揭开了真相。从此,"西夏皇陵"这个被黄沙掩埋了近千年的帝王墓带着它那段被世人一起遗忘掉的历史重见光明,第一次正式走进了人们的视野中。

四、贺兰山脚下埋藏的秘密

沧海桑田随岁月流转,转眼间便来到了新中国成立后的1970年初春,一位陕西考古工作者乘车去往阿拉善,途中在经过宁夏贺兰山时看到雄伟壮丽的贺兰山脚下分布着一大片高低错落的土丘。

可惜的是,这一信息在当时并未引起这位考古工作人员的注意和重视。

当时的他并不知道自己与震惊考古界的重大发现仅有一步之遥。

这片看似毫不起眼的黄土丘,在当地人口中被叫作"昊王墓"。

而这昊王墓中的"昊"字便是昔年西夏开国君主李元昊的"昊"。

一转眼,时间又来到了1972年的6月。

此时正是炎炎夏日。

在荒凉的西北戈壁上,火辣的太阳毫无遮挡地烘烤着金黄色的无边沙海，大地似一个巨大的蒸笼与高空中的烈日遥相呼应，热得地面上的人们无处躲藏。

某日，兰州军区某部队依照上级领导指示穿越几乎能烤熟鸡蛋的千里黄沙，来到贺兰山脚下，开始动工修建一处小型的军用机场。

这本是一次很普通的常规任务，对于部队中的每一个战士来说，此次任务既没有任何特殊性，也不困难，大家只要按照规定完成任务即可。

但谁也没有想到，偏偏就是这次看似简单的任务却有着并不简单的收获。

当战士们顶着灼热的太阳在戈壁滩上"呼哧呼哧"挖地基的时候，却出人意料地挖到了一些破碎的陶瓷制品，凑近仔细观瞧竟发现上面还有线条清晰的图案与一些看不懂的文字。

众人顿时停下了手头的工作，好奇地纷纷围拢成群，七嘴八舌地就眼前的这些陶瓷碎片议论着。其中有几名反应快的战士感觉到情况不对，立刻向上级如实汇报了情况。

部队首长接到消息后，预感到贺兰山一带的沙漠戈壁下可能有古代墓穴，于是立刻下令叫停了挖掘工作，并联系了宁夏博物馆的考古人员，将此消息告知对方。

宁夏博物馆的考古人员接到此消息后立刻组织考古队奔赴距离银川市30千米外的施工现场，并对施工现场展开了必要的保护以及专业的考古挖掘工作。

墓史密码之神秘的西夏皇陵

经过十多个日夜的抢救性发掘，一个具有15座圆锥形高大白色土堆的古老沧桑并且充满了神秘感的墓葬群终于重见天日。

考古工作人员在这个古墓群中不仅发现了许多巧夺天工的墓室壁画，还有很多做工精细的古代陶瓷。

其实，早在20世纪60年代，陕西省考古研究所的考古专家刘最长在经过贺兰山时，根据贺兰山脚下那一座座白色的酷似唐陵的土堆便推断此地极有可能埋藏着唐代墓葬群。

所以，基于上述这种观点，这次前来挖掘的考古工作人员一开始依旧认为自己挖掘的是一个唐代墓葬群。

可是，随着考古工作的深入，尤其是发现出土的陶瓷制品上刻着的那些类似于汉字的奇特文字后，这些考古工作人员便立刻否定了之前专家认为的该墓葬群为唐代墓葬群的观点。

此时的考古人员都已经意识到，自己或许正在接近一个神秘且古老的未知文明。

通过对墓葬群中出土的那些陶瓷制品以及类似于汉字的奇特文字的进一步深入研究和查阅大量历史文献，考古工作人员在《嘉靖宁夏新志》中发现了明确的记载："李王墓，贺兰之东，数冢巍然，即伪夏所谓嘉、裕诸陵是也，其制度仿巩县宋陵而作。人有掘之者，无一物。"由此，考古工作人员最终得出结论，贺兰山脚下这宏伟的墓葬群是中古时期地处中国西北的西夏政权的帝王墓葬群，而那些出土的奇特文字便是后来被

第一章　千年的等待

人们称作"天书"的西夏文字。

这一特大发现令所有的考古工作人员都异常激动，随后考古工作人员继续在周边地区扩大考古工作。

此后的30多年间，宁夏博物馆的考古工作人员不断对贺兰山脚下的这片西夏帝王陵墓进行挖掘，其间陆续又出土了许多惊艳世人的国宝级文物，西夏帝王陵墓与陪葬墓的规模也从最初的15座逐渐扩大到了最终的200余座。

到1999年为止，宁夏博物馆的考古工作人员共在贺兰山脚下发现9座帝陵、253座陪葬墓、4座碑亭和1个献殿遗址。

如此庞大的帝王陵墓也只有河南省巩义市的宋陵与北京市的明十三陵的规模能与其相当，妥妥是中国帝王陵墓史上难得一见的奇迹，同时也是世界陵墓史之最。

在这些出土的国宝级遗迹中含有大量的西夏时期的党项文字和反映当时西北党项人生活的绘画，以及各种雕刻作品、钱币与各类工艺精巧的铜器、陶棋子、造型独特的石雕泥塑等文物，为后来研究西夏历史提供了可观的事实依据。

除此之外，考古工作人员还惊奇地发现，9座西夏帝王陵竟然不偏不倚正好组成了一个北斗星的图案，就连其余的陪葬墓也是按照风水星象来排列的。

同时，以9座西夏帝王陵为主的所有墓葬群全都是用夯土筑成，因

墓史密码之神秘的西夏皇陵

为外观近似于古埃及的金字塔，因而西夏帝王陵墓也被人们称作"东方金字塔"。

值得一提的是，西夏帝王陵墓的每一座陵园全是由各自独立的完整陵墓群组成的。其不仅吸收了大量唐宋时期的建筑风格，还受到了当时佛教文化的影响，加之融合了党项民族自身的特点，形成了我国古代帝王墓别具一格的形式。

和奢华的唐墓、宋墓相比，西夏皇陵相对要简朴很多，位于中央的主墓室仅仅与左右两旁的耳室构成三室土洞式结构，陪葬品也相对较少，这可能是与党项民族的生活习俗与信仰有关。

在2000年4月举办的"中国20世纪100项考古大发现"评选活动中，西夏皇陵的考古挖掘成为20世纪中国最具有重大科学价值和历史意义的考古发现。

2011年11月，西夏皇陵正式被政府申报为"世界文化遗产暨国家考古遗址公园建设项目"。

目前在我国119处国家重点名胜风景区中，位于宁夏贺兰山脚下的西夏皇陵是唯一一处由帝王陵墓单一构成的景区。

而这座"东方金字塔"最神奇之处，也是最吸引国内外大批游客关注的，便是它那独特的墓葬风水布局。

五、东方金字塔

前文提到过,从远处看,西夏皇陵外形酷似古埃及法老的金字塔。

如今,在古老雄伟的贺兰山脚下,矗立着大大小小很多高塔形的古冢以及大面积的古建筑遗迹。

它们在这片土地上已经等待了近千年。

这些荒冢残碑在向今天的人们诉说着古老而又神秘的故事。

那就是,在我国历史上还有一个由党项人所建立的政权曾经存在过。

此处所有的残破古建筑遗迹都来源于那个神秘政权的帝王陵墓——西夏皇陵。

西夏皇陵也可以称作"西夏帝陵"或"西夏王陵"。因为当年西夏政权的建立者李元昊在世时已经称帝,但宋朝不承认他的皇帝称号,认为西夏是自己的附属国,只能称王,所以它也叫西夏王陵。

而贺兰山脚下的西夏皇陵就是当年西夏不同时期的王的陵墓。

近千年以来,良好的地基使西夏皇陵数次成功躲过了西北恶劣的风沙天气与强烈地震。

西夏皇陵原先是由三层城墙环绕,但如今最外层的城墙墙体基本上

墓史密码之神秘的西夏皇陵

都已经塌陷。

但若从空中俯瞰整个皇陵区，依旧可以零星地看到当年城墙的大致轮廓。

陵区内的9座西夏皇陵根据1990年所编的号码，1号、2号、3号、5号、7号和9号陵位于平原之上。

按照史籍记载，西夏皇陵有名号的也只有9座，而神宗李遵顼、献宗李德旺、末主李晛的陵墓在史籍中没有记载，故此专家猜测，这三座本应存在的皇陵或许由于西夏末年兵荒马乱而并未建造，或者是20世纪60年代被当地某建筑单位夷平了。

陵区被由南向北的榆树沟、山嘴沟、甘沟、泉齐沟四条大的沟谷分割，形成了四个自然区，海拔1150米至1220米，地表遍布砾石和粗沙，地基承重力大，保水性差，自然排水条件好。

最南面的一区，现存皇陵2座，分别被标为1号、2号。1号陵在东角，2号陵在西北，两陵相距很近。陵区内有陪葬墓62座，列于两座皇陵的东、西两侧。

紧接一区北面的为二区，现存皇陵2座，分别被标为3号、4号，位于二区北部。3号陵居东，4号陵居西稍偏北，紧依山脚，两陵相距3千米，有65座陪葬墓，主要分布于3号陵西、南两面。

4号、6号和8号陵依山而建，故此每一座帝陵均坐北朝南，呈纵向长方形，占地面积在10万平方米以上。

这些皇陵虽然外郭形制有开口式、封闭式和无外郭式三种，内部结构却大体相同，分为角台、阙台、月城、陵城四部分。

这里特别要说明一下阙台和月城分别在陵园中的作用。所谓"阙台"指的是古代帝陵中的一种礼仪建筑，仿城址中的阙楼，通常是左右对称的形制，中间通过神道（通往帝陵的大路）；而这其中的阙，一般为军事用途，类似于瞭望塔的作用。

据说，我国北京市长安街的天安门就是由这个"阙"演化而来的形制。

阙台说白了就是陵园的大门，同时也是在提醒那些前来祭拜的人们，到了此处要"文官下轿，武官下马"，整理好衣冠，庄严地步行走进陵园中，且不准大声喧哗。

而"月城"顾名思义，就是形状如月牙一般的建筑。

据悉，月城是西夏皇陵中独有的建筑，它是单独由城墙围起来的区域，其主要作用是摆放石像生。

这种形制与中原王朝有很大的不同。

中原王朝的石像生都是摆放在神道的两侧，西夏却将石像生摆放在月城之中，这主要是与西夏当年采用的"脚踏两条船"的政策有关。西夏君主除了接受辽国"夏国王"的封号外，还接受了北宋"西平王"的封号，因此在陵墓的建设上其不能也不敢越过礼制与辽国、北宋帝王平起平坐，但他们又想修建高大威猛的石像生，于是就在皇陵前修建了月城，将石像生摆放在其中。

墓史密码之神秘的西夏皇陵

这样做既体现了西夏皇陵自身的威严，同时又表现出对辽、宋两国的臣服之意，不会给自身惹来麻烦。

这些皇陵的外郭或宫城的长宽比例都在1.5∶1至1.7∶1，与史籍记载的兴庆府城郭的长宽比大致相当。

另外，4号陵周围尚未发现有陪葬墓。3号、4号两座皇陵方向均偏东南。

二区北面为三区，现存皇陵2座，分别被标为5号、6号，位于三区西北部。

5号陵居东，6号陵居西稍偏南，紧依山脚，两陵相距1.5千米，共有108座陪葬墓，均分布于两座皇陵的东南方向。两座皇陵方向亦偏东南。最北面为四区，现存皇陵3座，分别被标为7号、8号、9号，呈"品"字形排列于四区的西北部，夹杂在现代地面建筑中。

7号陵在南面居中，8号陵在其北，9号陵在其西北，相距分别为300米和400米左右。四区共发现陪葬墓18座，分布于四区的西南角和西部。

7号陵方向亦偏东南，大半已被破坏，只剩陵台和西南角的部分建筑；8号、9号陵除陵台外，地面建筑已荡然无存。

此外，9座皇陵现存碑亭遗址共16处，其中1号、2号陵各3座，3号陵2座，4号陵现只存1座西碑亭，5号陵3座，6号陵2座，7号陵2座，8号、9号陵除陵塔外，所有地面建筑均被夷平，故碑亭已不存。

按照西夏陵区其他皇陵的陵园建筑规制和布局，专家估计8号、9号陵原先至少各有2座碑亭，而9号陵西碑亭曾于20世纪70年代某单位基建时出土了4件雕像石碑座。

自20世纪70年代西夏皇陵正式被我国考古人员发现后，其面目就一直被一团若隐若现的迷雾笼罩着，令人捉摸不透。

前文提到过，西夏皇陵的9座帝王墓似乎是提前按照北斗星的顺序排列下来的，而其余的陪葬墓也都是依照天文星象的图形来设计建造的，单凭这一点就足以使西夏皇陵的神秘色彩更加浓厚了。

因此，显而易见，这种陵墓布局肯定是根据中国传统的风水格局来设计的。

说起我国古代帝王陵墓的选址与建造，几乎无一例外全都按照传统的风水来布局。

因此一个帝王陵墓的地理位置理所应当是"背山面河，四塞险固"的绝佳风水宝地。

基于以上这种固定的模式，作为曾经雄霸西北近200年的政权，西夏的帝王陵墓自然也不例外。

明朝庆靖王朱栴所著的《宁夏志·卷二十三》中写道："贺兰山之东，数冢巍然，传以为西夏窃僭时，所谓裕陵、嘉陵者，其制度规模，仿巩县宋陵而作。"

党项人建立的西夏虽地处中国西北，却一直积极吸收中原唐宋文化

墓史密码之神秘的西夏皇陵

精髓,取长补短,将汉文化、佛文化和党项人自己的文化巧妙地融合在一起,形成了独具魅力又与众不同的党项文化。

在建筑方面,这种巧妙的融合感则更为明显。

同宋人一样,党项人也非常注重对自己死后陵墓的选址,帝王陵墓更是如此。

在党项皇族看来,帝陵的风水好坏关系到整个国家政权未来的走向,自己的江山能否永固,延绵万代,一个陵墓便可以决定乾坤,因此绝对不能随便应付。

西夏皇陵的所在地正是遵循着风水中"一重缠是一重关,关门若有千重锁,定有王侯居此间"的原则,西据贺兰之雄,东据黄河之险,是一块绝佳的墓葬宝地。

整个西夏皇陵背后依靠着雄伟险峻的贺兰山,面前对着水草丰美、土地肥沃的银川平原及滔滔不绝的黄河天险,这是其能够在此安静地沉睡近千年之久的根本原因。

因此,基于以上这些因素,西夏皇陵的地理位置与布局共有以下四大特点。

一是地势开阔。西夏皇陵地处贺兰山中段东麓洪水冲积地带,地势西高东低、高亢开阔,海拔高度在1130米至1200米。整个陵区居高临下,面前有黄河之水作为屏障,加上水美富饶的银川平原,可一览无余地俯视千里之地,同时又是易守难入的险境。

二是气候极度干燥。自古以来,远离中原腹地,地处黄河以北的西北黄土高坡一直是干旱少雨的苦寒所在,在银川境内的贺兰山一带更不例外。这里常年雨水稀少,加之山脊海拔在 2000 米至 2500 米,南北延绵足有 250 多千米,有效地阻拦了来自北面内蒙古阿拉善沙漠的沙尘暴与风雪,保证了山脚下干燥的气候,有力地保护了此处的西夏皇陵不受雨水风雪的侵扰而最终受潮腐蚀。

三是没有洪涝灾害的影响。这一点与第二点较为类似。贺兰山沟壑纵横,大大小小共分布有 20 多个沟口,巧的是,皇陵区内的四个沟口洪水流量较小,且全都集中在中段甘沟以北,洪水则大量分泄在北部,而陵墓正好集中在四条沟谷分割而形成的高地上,如此一来即便是有洪水泛滥的情况也对陵墓构不成威胁。

四是地理结构上的绝对优势。贺兰山一带的地貌属于老年性洪积堆积,地表遍布粗沙、砾石,土层极薄,结构紧密,因此承载力比其他地方都要强出许多倍。另外,此地排水条件好,保水性极差,地下水位也很低,因而构筑地表工程条件优越,自然也非常适合地下墓室的修建。

千百年来,西北地区大小地震不断,风沙与洪流更是接二连三,从未停止,但在贺兰山脚下的西夏皇陵历经千百年的风雨依然屹立不倒。

当然,如果说西夏皇陵多年以来没有遭受到一丁点儿破坏也是不正确的,但那些破坏在很大程度上完全是由人的因素所造成的。它即便被建造在一个优越的地理环境和自然条件之上,能抵挡得住风吹雨打,也

墓史密码之神秘的西夏皇陵

受不住人类对它的破坏。

而千百年来，人类对陵墓最有杀伤力的破坏莫过于战争与盗挖。

但值得庆幸的是，千百年后的今天，虽经历了自然灾害、战争与盗墓等一系列的毁灭性破坏，西夏皇陵却依旧大致完好地矗立在贺兰山脚下的戈壁之上。这除了与当地的地形优势及自然条件有关外，还与西夏立国之前承上启下的关键性人物李德明生前的精心选址密不可分。

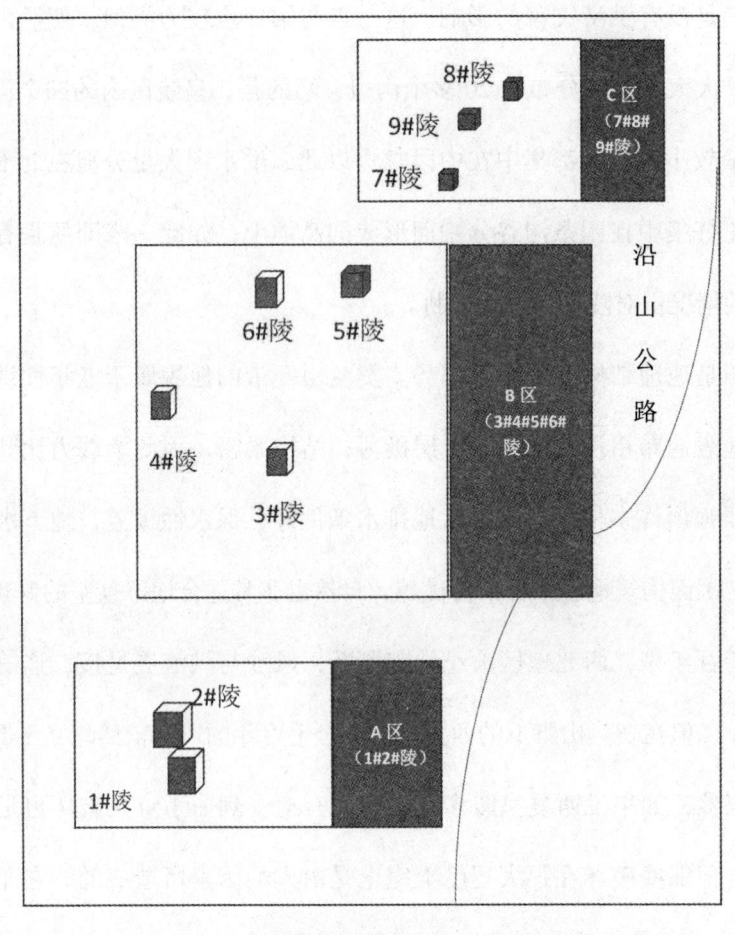

◎西夏皇陵建设规划分区图

第二章

辉煌的开始

墓史密码之神秘的西夏皇陵

庄子有言曰:"一受其成形,不亡以待尽。"

世间万物,只要是有生,就必将会有亡的那一刻,这是数万亿年来不变的定律,就算是生前叱咤风云、统领千军万马、坐拥万里江山的帝王也不例外。

以秦始皇为代表的古代帝王们总是为了自己能够延年益寿,不惜花费大量的金钱,派出大量方士四处寻觅长生不老的秘诀,但另一方面又四处寻觅风水宝地,着手为自己建造一座富丽堂皇的陵寝。

这显然是因为在他们自己的心里,对实现"长生不老"这种超自然现象也不是很有把握,所以古代帝王们才会做出些自相矛盾的行为,一方面祈求长生不老,另一方面又将身后事安排得妥妥当当,绝不草率。

虽然,从古至今中国人都比较避讳"死"这个字,却从来没有人不重视这个字。

所以一位帝王自从登基的那一天起就开始为自己修建死后的陵墓了。

如今,一进入西夏皇陵景区便可清晰地远眺那一座座静若远山之巅、犹如浮屠般的陵塔，它们仿佛在向每个来往的旅客诉说着千年的故事。

西夏皇陵区中的 1 号、2 号及 3 号陵，它们的主人分别是李继迁、李德明和李元昊这三位西夏的奠基人物。其中名气最大、传说最多的当数李元昊之墓。

作为一个国家的最高统治者，既然生前受万民敬仰，死后到了阴曹地府，自然也希望享受一样的待遇，因此这些帝王的陵墓规模都十分庞大壮观，从勘探到设计，每一个环节都需要消耗大量的人力、物力、财力以及时间，一点儿也不输帝王们生前所住的豪华宫殿。

因此，要深入地了解一座帝王墓，除了通过该朝代留存下来的陵墓这一直观渠道外，最好的途径莫过于从该王朝帝王的那一段跌宕起伏、多姿多彩的生平事迹入手。

因为只有将帝王的生平事迹与该帝王留存下来的帝王墓两者结合起来，才能更透彻地了解该帝王生前所统辖的王朝以及他死后的帝王陵墓。

西夏作为曾经雄霸西北近 200 年的强大政权，除了有彪悍勇猛的西夏士兵与精良的武器外，自然也离不开将党项诸部落凝聚在一起，从奠基到建国的三位领袖——李继迁、李德明、李元昊。

墓史密码之神秘的西夏皇陵

一、三大陵墓

　　西夏裕陵，经过考古调查确认后现称西夏皇陵1号陵。

　　这座陵墓位于西夏陵区最南端，俗称"双陵"之东侧，经考古研究现确认墓主人为李继迁，系西夏开国君主李元昊的祖父。

　　目前，西夏皇陵区内的1号陵裕陵整体方位坐北朝南，方向南偏东15度。地面建筑基本全部变成废墟。整个陵园为封闭式外神墙包围，墙外有角台，陵园内从南到北有阙台、碑亭、月城、内城；内城中有献殿、墓道、陵台等建筑。

　　目前，1号陵陵园的外城已经全部倒塌，外城呈南北长方形，南北长360米，东西宽250米；南墙正中留有门道，宽约35米，其余三面封闭。墙体为夯土实心，外表包砌石块，厚度在1.7米左右。

　　陵园南端外神门内两侧建有东西相对的2座阙台，彼此相距65米，由黄沙质夯土筑成，基底呈正方形，每边长8米，高6米左右。现残存平顶，周围残存板瓦、筒瓦残片以及砖块、褐红泥皮堆积。陵园内共有3座碑亭遗址，其中东侧有2座，西侧有1座。

　　靠北一侧的东、西两座碑亭相对，距离阙台各40米，两碑亭相距65

米。西碑亭残存台基约1.5米，台面边长10米，台面残存铺地砖，台基周围被倒塌的残砖乱瓦及土石填起，堆积呈圆台形，堆积之上及其周围散布大量砖瓦、石碑碎块，还有少量琉璃瓦和槽心瓦残块。

东碑亭比西碑亭略高，其他情况与西碑亭类似。东碑亭南侧10米处有1座小碑亭，堆积高约1米，正方形台基，边长约8米，其他残骸与另两座碑亭类似。在碑亭以北约110米有一处月城遗址，神墙多已倒塌，门址两侧各残存一段较高的墙体。

月城的墙体为黄沙土夯筑，夯层厚8厘米至13厘米不等。月城内神道两侧各有2列石像生遗址，间距15米，石像生残块已很难找到。

月城以北为内城遗址。该遗址呈南北长方形，南北长约115米，东西长200米；四面以神墙环绕，南端距离外城137米，东、西、北三面均相距22米左右；墙基宽约3米，黄沙土分段夯筑，残存最高可达4米有余。

南神门遗址宽12米，周围有大量砖、瓦，以及琉璃瓦、槽心瓦残块。门址两侧墙体加宽，另外3面神墙正中亦辟门，都散见砖瓦，门道畅通。内城墙四个转角处夯土皆残存较多，均有砖瓦等建筑材料散布。

在南神门内偏西约30米有一处献殿遗址，残存台基为东西向长方形，台面长18米，宽12米，其上及周围散见大量砖、瓦、琉璃瓦、槽心瓦、脊饰等建筑材料。

从遗址堆积分析，献殿的风格疑似为歇山式殿堂。在献殿之后约5

墓史密码之神秘的西夏皇陵

米处为墓道封土，呈鱼脊形状隆起，东南低，西北高，除沙砾填土外，表面多较大的石块，其末端已经被破坏。

墓道封土北端东侧约15米，靠近陵台的地方有一处钟虡遗址，仅剩高约4米、底面边长5米的夯土台，其周围散见琉璃瓦等建筑材料。陵园内城西北有一处陵台，该陵台距离北墙35米，距离西墙45米，外形呈八角形，分7个层次，每层向内收分，顶部趋尖。

陵台夯土周身有椽洞，洞孔随收分成层分布，其孔径10厘米至30厘米不等。陵台周围散布大量青砖、灰瓦及琉璃瓦、槽心瓦等建筑材料。

在外神墙的外侧有4处角台，外形呈覆斗形，高约5米。

前角台紧靠外神墙，其连线跨越月城中央。

台体为底边长4米的夯土筑成，均坍塌严重，周围有砖瓦等建筑材料，后角台在外神墙转角外侧。

西夏皇陵区中的2号陵嘉陵，地面建筑基本全部变成废墟，其除四周角台残存高度比1号陵略低之外，其余残存情况、整体架构、建筑组成、地理朝向等均与1号陵类似。

西夏皇陵区内的3号陵为西夏泰陵，截至目前专家初步断定该墓主人系西夏开国君主李元昊。这座陵墓也是整个西夏陵区内规模最大的一座陵墓，历经近千年的沧桑，如今地面建筑已遭到了十分严重的破坏。

几经战争与盗挖，陵墓被破坏得一塌糊涂；在这里不仅没有找到一块完整的瓦片，就连碑石残片上具有代表性的文字都被人刻意地凿掉了。

第二章　辉煌的开始

但值得庆幸的是，陵园中的阙台及陵台基本保存完好，陵城神墙及阙门、角台也大致保存完好，整体布局也清晰可辨。

3号陵整体从南到北现遗存有阙台、碑亭、月城、陵城、陵台五部分。陵园南端左、右两侧各有1座阙台遗址，两座遗址东西相距约120米，由纯净黄土筑成。

东阙台基部呈方形，边长约8米，高约8米，上部向内收，顶部有一较小的台基，顶部和周围散落大量建筑残块，经过细致发掘后发现根部已经被掏空。西阙台已剥落成2层圆台形状，台高6.8米。周围散落砖瓦残块等建筑材料。双阙台以北约50米有2座碑亭遗址。碑亭东西相对，间距120米，已经全部被发掘。

其中东碑亭台基呈方形，边长21.5米，夯筑土台，台基四周以扭绳纹长方形砖砌成三级逐渐收缩的台阶，高2.35米。台面为圆角方形，边长15.5米，中部为一圆形基址，直径13.4米，室内直径7.5米，其外为宽2.85米的墙基，室内铺方砖、中部残存3个人像石座。周围有大量西夏文石碑残块及铜铃铛、甲片等建筑材料。碑亭南面开门，门内有25块方形花纹砖呈方形排列，门外延伸出斜坡式踏道。在西、北两边侧有5座灶坑，灶坑凿穿了台基，内壁坚硬，有很重的烟痕，坑内堆积与台基上部堆积的残块种类相同。

在发掘物中，建筑用砖最多，数量惊人，却极少见瓦片。由于破坏烧毁严重，屋顶的建筑风格已无法推测。富有特征的花纹砖，图案在8

墓史密码之神秘的西夏皇陵

种以上。粗绳纹砖中部多在凹槽内有1个汉字，如李、牛、言、五等汉字姓氏或记号，表明了在营建陵园的过程中曾有汉族工匠参与。

西碑亭堆积高约3米，表面布满残砖块，其间生有杂草，堆积范围在1000平方米左右。在发掘过后，西碑亭上方加盖了简易保护棚，东碑亭已用沙土封盖。碑亭北侧有一处月城遗址，该遗址呈东西长方形，东西长约130米，南北宽约50米。

月城筑于陵城南面，由东墙、南墙、西墙围成，南墙中部辟门，月城东墙、西墙北接陵城的南墙。月城内东部、西部各有两列南北向的石像生基址残迹，两列基址东西间距8.8米，神道两侧的基址东西间距32米。墙垣为夯土版筑，基宽2.45米至2.55米，夯层厚0.07米至0.1米，墙体残高多不到1米。月城北侧为内城遗址，四面由神墙环绕，呈南北长方形，南北长180米，东西宽160米，占地约40亩。

神墙中部较窄，靠近转角渐宽大，由纯净黄土分段夯筑而成，中部每段约3米，残高约3米，比较平齐，各段如须弥座形状。神墙四处转角皆很高大，类圆柱形，从各转角往神墙两侧，连体圆柱越来越矮小，各有5个，共40个。其残存最高在6米以上，最低的3米，在转角处5个连体圆柱夯土台周围皆有砖瓦残存。

内城四面神墙皆正中辟门，门址宽约12米，地面散布瓦片、脊饰残块等。根据统计，内城坍塌墙体在2002年时已达189.1米，约占墙体总长度的27.8%。南神门内约25米偏西有一处献殿遗址。

根据考古发掘情况看，此处可能原为一正方形台基，台面周长65米，直径约20米，堆积厚约1米。台基以纯净黄土垫起，其上及周围残存大量青砖灰瓦及琉璃构件。

献殿之后约6米为墓道封土，南北长约42米，呈东南—西北走向，形似鱼脊，以砂石填充。其末端为盗坑，盗坑直径约20米，深约5米。坑内长有若干小树，两侧有土堆。内城西北隅有一处陵台，八角形，高约20米，分7级，每级向内收分。

陵台收分处及周围地面散布大量瓦片、瓦当、滴水等建筑材料。夯土台整体形状为塔形，其上露出一个个椽洞，有水平方向的，还有竖斜方向的，证明原来有椽出头。

距离陵台较远的四角各有一座角台，其中东南、西南的两座角台已坍塌，西南角尚可分辨出台基，两座角台相距约520米，其连线在双阙台之前。北面的2座角台相距290米。东北角台残高1米多，坍塌严重，只有西北处的角台保存比较完好，残高约5米，但严重风化。北边两角台相距272米，南北连线约460米。

夯土台因剥蚀已趋圆柱形，底面周长20米，纯净黄土夯筑，周围散落着大量红褐色板瓦、筒瓦残片。

二、从奠基到建国

（一）李继迁的开创之举

在西夏政权建立前，有一个人穷其一生都在为这个国家政权的建立戎马萧萧，如果没有他的当机立断，就没有后来西夏政权的建立，这个人就是李继迁。

李继迁（963—1004），本姓拓跋，出生于当时的银州（今陕西省榆林市米脂县），是党项族平夏部人，同时也是银州防御使李光俨之子，曾经被宋朝皇帝赐名赵保吉。

据《宋史》记载，李继迁之孙、西夏开国君主李元昊曾经向宋仁宗上表说道："臣的先祖本是帝胄之后，在东晋衰亡之时，创立北魏基业。"

而北方辽代的史籍中则明确记载了西夏皇族乃是北魏鲜卑拓跋氏的后裔。

随后，金代史籍中又记录了西夏大臣罗世昌列出的西夏世系，并称西夏皇族乃北魏拓跋鲜卑之后，由于北魏末年皇统衰微，西夏皇帝的祖先被迫迁徙至松州（今四川省阿坝地区），并在此发展，重新壮大。

基于以上几种记载，史学家们一致认为，西夏皇族乃至整个党项族

第二章　辉煌的开始

的人均带有南北朝时期的鲜卑人血统。

唐贞观年间，李继迁的祖先拓跋赤辞作为党项人的首领，带领着族人脱离了吐蕃的控制，从黄河的源头青藏高原一路迁徙，跋山涉水，投靠了当时地处中原的一大政权势力——大唐。

唐太宗李世民对拓跋赤辞的到来十分高兴，不仅欣然接纳了对方，还赐予了对方国姓"李"。从这一刻开始，党项人正式归附大唐王朝，成为大唐的子民。

而也就是从这一刻起，以游猎为生的党项诸部开始与中原人杂居，开始逐渐接触先进的中原文化并受到其影响。

唐僖宗时，大唐爆发了黄巢之乱，李继迁的高祖李思忠与兄弟李思恭二人代表唐军征讨黄巢。

不幸的是，李思忠在这次征讨战役中丢失了性命。

但也因此，党项李氏得到了唐王朝的奖赏，被册封为定难军节度使，世据于以夏州（位于今陕西省）为中心的五州之地。

到了五代后唐时期，李继迁的曾祖父李仁颜又被后唐君主继续册封为银州防御使。

之后的五代十国战火不断，政权交替不定，党项人则随变化而变化，臣服于每一个统治政权。

到了北宋初年，党项李氏李彝殷因为要避讳北宋皇帝赵匡胤父亲赵弘殷的名字，改名李彝兴，乖巧地依附于北宋朝廷。

墓史密码之神秘的西夏皇陵

直到北宋太平兴国七年（982，辽乾亨四年），一切才有了变化。

这一年，党项李氏内部的继承人李继筠病逝，其弟李继捧嗣位，自立为留后（观察使缺位时设置的代理职称）。

但当时李继捧与绥化刺史李克文二人不和，故此李克文上表宋太宗，阻挠李继捧接任节度使之位。

而此举正中宋太宗下怀，他早就想收回党项人控制的西北五州之地，于是便依计向李继捧下了诏书。

这让年轻的李继捧无计可施，一时间难以服众，只能乖乖地向北宋朝廷献出自己家族世袭管辖的五州之地，随后入北宋京都面圣，上表宋太宗其自愿留在开封。

对此，宋太宗自然是很满意，于是便欣然接纳了李继捧，封其为定难军节度使，还赐姓名为赵保忠，随后又再次向其余留在五州内的党项各部贵族下诏书，召各部贵族及族人入京居住，并派人接收管辖西北五州之地。

宋太宗这样做除了想收回西北五州的控制权外，还想完全将党项人牢牢地掌控在自己手中。

恰逢此时，李继捧的族弟李继迁已年满20岁。

他对宋太宗的这一做法很不满意，觉得宋太宗此举是损害了党项人的利益。

但那时候党项人属于北宋子民，如果不听从朝廷的旨意就等于是公

第二章 辉煌的开始

然的造反行为。

当时的李继迁想出一计，与亲朋好友一同演了一场戏。他称自己的乳母病逝，要送灵柩出城埋葬，实则却是将兵器装在了棺材之内，打算带着亲信族人一起逃至铁斤泽（今内蒙古自治区鄂尔多斯市伊金霍洛旗西南）。

在这里，李继迁完全摆脱了北宋的管控，得以休养生息。

他凭借着自己的高祖拓跋思忠（李思忠）在党项人心目中的高地位，很快就聚集了一大批居住在此地的党项各部落族人，谋划从北宋手中夺取失去的五州之地。

不久，李继迁反叛北宋朝廷的消息就传到了远在京都的宋太宗的耳朵里。

这使得赵光义勃然大怒，他派出精兵趁夜偷袭在铁斤泽的李继迁。

而这时的李继迁虽然笼络了一大批党项族追随者，但论实力还是比北宋正规军差了很多。

因此，在这次的夜袭中，北宋军队共斩杀党项族叛乱者500多人，并且俘虏了李继迁的母亲与妻子，而李继迁本人与其弟则侥幸从混乱中逃脱。

也就是从这一刻开始，年轻的李继迁彻底走上了反抗北宋统治之路。

他凭借着拓跋氏在党项人心目中的威望，四处召集各个党项族部落，并通过政治联姻这一手段成功与当时强大的野利部联盟，共同与北宋朝

墓史密码之神秘的西夏皇陵

廷对抗。

除此之外，李继迁还成功地利用了当时辽（契丹）、宋两大政权之间的矛盾，与北边的辽国合作，一同对抗北宋。

北宋雍熙二年（985，契丹统和三年）二月，李继迁假装约见银州宋都巡检曹光实，商议投降之事。

实则却早已在双方约定好的地点葭芦川（今陕西省佳县西北一带）设下了伏兵。

等曹光实一方人马一到葭芦川，埋伏在此的党项士兵便倾巢而出，将宋兵包围斩杀。

随后，李继迁命手下人换上宋兵的服装，手持宋军的旗帜，浑水摸鱼，偷袭银州。

占据银州后，李继迁便自称都知蕃落使、权知定难军留后。

此时的李继迁也许只是想夺回五州之地，还没有自立为王与辽、宋分庭抗礼的打算。

同年三月，李继迁又率部众攻打会州（今甘肃省靖远县一带）。

宋太宗得知此消息后，立刻派秦州田仁朗与李继隆二人出兵讨伐李继迁。

两方人马会战在一处，李继迁一方完全不是宋军的对手。

最终，李继迁的部下党项部落长折罗遇及弟乞埋战死沙场，折遇乜则被宋军俘虏处死。

第二章 辉煌的开始

四月，田仁朗的军队靠近绥州（今陕西省绥德县）时，听说李继迁率大军攻打抚宁，于是田仁朗故意向李继迁显示自己一方松懈的假象，故意安排军中众人在军营中日夜纵情欢乐，歌舞升平。

但是此时田仁朗手下的副将王侁与田仁朗有私人恩怨，因此故意借机报复，向宋太宗进谗说河西三族寨已经失陷。

宋太宗听说此消息，顿时勃然大怒，立刻召田仁朗回京问罪。

田仁朗说自己只是做戏给李继迁看，目的是引其上钩，来个瓮中捉鳖。

宋太宗将信将疑，于是便将田仁朗流放商州（今陕西省商洛市），免除死罪，随后又命王侁等进兵征讨李继迁。

李继迁闻讯撤回围困抚宁的军队，与宋军激战，结果实力不济，被王侁率领的宋军打败，损失5000多名部下，死伤惨重。

最后，李继迁带领着残兵逃出银州。

但这一切还远没有结束。

北宋雍熙三年（986，契丹统和四年），战败的李继迁见党项各部族人战斗意志消沉，而北宋士兵气势逼人，于是便打定主意率部众向北朝辽国称臣，并向辽帝请婚，企图用政治联姻的手段依附更加强大的辽国来抵抗北宋。

可以说李继迁的这次政治联姻是成功的。

他不但娶到了辽国的义成公主，还被辽帝封为夏国公、定难军节度

墓史密码之神秘的西夏皇陵

使、都督夏州诸军事。

不久后，北宋一方便得知了此消息。

此时，太师赵普便借机建议宋太宗将李继迁的哥哥李继捧派回五州之地，任夏州刺史，同时也封李继捧做定难军节度使，并赐李继捧国姓"赵"，更名为"保忠"，意为忠于北宋。

自此之后，党项人内部出现了一南一北两个定难军节度使互相对立、互相牵制的局面。

但这一切都是兄弟俩联手上演的一出戏，故意演给辽国与北宋看的，好向各自依靠的朝廷交差，以捞取更多的好处。

北宋淳化二年（991，契丹统和九年）年初，李继迁再次对夏州出兵，北宋出兵抵抗。

七月，李继迁全面占领了银、绥二州，但与此同时，李继迁又向北宋示弱，做出要归附于北宋的样子。

北宋朝廷不明李继迁此举的意图，于是便顺水推舟册封李继迁为银州观察使并赐姓名"赵保吉"。

但令北宋朝廷没有想到的是，李继迁在向北宋俯首称臣的同时也在不断接受着北边辽国的册封与赏赐，而且不止一次与辽国联手出兵骚扰北宋西北边境。

九月，李继迁占据着王庭镇的旧地，预谋着夏州。

李继捧对此不满，便向宋太宗进言。

第二章 辉煌的开始

宋太宗派兵偷袭李继迁，夺李继迁牛畜2万余，李继迁被迫弃城出逃至铁斤泽。

从此，李继迁与族兄李继捧关系恶化，双方开始大打出手，最终李继捧被打败。

北宋淳化五年（994，契丹统和十二年），宋太宗派李皇后的兄长李继隆征讨李继迁。

李继迁于是找到族兄李继捧，想通过李继捧向宋太宗投降。

此时李继捧担心之前与李继迁做戏假打骗取北宋奖赏的事被揭穿，于是千方百计地阻挠李继隆率领的北宋军队靠近自己管辖的地盘。

谁知，就在此时，李继迁却突然来了个回马枪，突袭李继捧，将其打得喘不过气。

最后，李继捧只能带着残兵如丧家犬般出逃，半路遇到率领宋军的李继隆。

李继隆将李继捧交给北宋朝廷。

最终，李继捧后半生都留在了北宋京城，再未回过夏州一带。

而另一方的李继迁深知李继隆的厉害，因此不敢正面迎战，便利用地形的优势与北宋军队玩起了游击战。

与此同时，李继迁正遭遇着党项内部危机。

北宋一方因为党项人的反叛，发布了一道诏令，禁止西北党项人出产的盐流入宋境以及宋境的茶叶流入西北。

墓史密码之神秘的西夏皇陵

这道诏令的公布等于禁止了包括党项人在内的回鹘、吐蕃等全体西北人民与北宋的自由经济贸易，从而导致西北地区人人心中均记恨李继迁，三天两头向李继迁发起攻击。

李继迁双拳难敌四手，不得不以游击战来应付攻击者。

这反而使宋太宗一时无法准确掌握其行踪。

于是宋太宗接受了宰相吕蒙正的建议，彻底派兵摧毁夏州城，断了李继迁的后路。

李继迁一时被逼得无路可走，无奈之下，只能派出自己麾下谋士张浦到开封向宋太宗请降。

宋太宗见好就收，便封了李继迁一个有名无实的鄜州节度使，并将张浦扣留在了开封。

李继迁大怒，转头便劫掠了北宋运往灵州的40万石粮草。

此事惹恼了宋太宗，于是他又派李继隆出兵攻打以李继迁为首的党项部族。

李继隆兵分五路，逐一进入由党项人控制的西北地区对李继迁进行围剿。但由于北宋士兵对西北地区的地形不是很熟悉，李继隆的五路北宋士兵有三路在戈壁荒原中迷了路，无法按原计划形成包围圈将李继迁困住。

北宋至道三年（997，契丹统和十五年），宋太宗驾崩，宋真宗继位。

此时，李继迁再次派使臣来到开封，向宋真宗上表，表达愿意归降

第二章 辉煌的开始

之意。

宋真宗对党项人的态度与自己的叔伯和父亲都有所不同。

他不但非常大度地接受了李继迁的上表降书，而且还封李继迁为夏州刺史、定难军节度使，释放了之前被宋太宗扣留在开封的张浦，并且将五州之地全部归还李继迁。

但这样宽宏大量的举动并没有使李继迁消停。

在宋、夏的边境灵州地带，李继迁仍然时不时继续进行着各种各样的掠夺行动。

此时，在北宋朝廷内部也出现了两种完全不同的声音，究竟是一鼓作气歼灭以李继迁为首的党项人，还是干脆放弃五州之地，一时间争论不休。

直到北宋咸平四年（1001，契丹统和十九年），吐蕃六谷部长潘罗支接受宋朝的封授，统治西凉，出兵助北宋攻打李继迁。九月，李继迁攻陷宋清远军，乘胜进围灵州。

李继迁对宋作战胜利，又把攻掠的目标转向西部的回鹘和吐蕃部落。回鹘和吐蕃部落则依附宋朝以对抗党项。

北宋咸平五年（1002，契丹统和二十年）三月，北宋朝廷6万人马西进灵州，准备歼灭李继迁。但北宋的人马还没赶到灵州时，灵州已经被李继迁全面掌控，并更名为"西平府"。

李继迁多年以来的夙愿正在有条不紊地一步步实现。

墓史密码之神秘的西夏皇陵

同时意味着，北宋朝廷从这一刻起，正式失去对西北边领土的控制权。

此时的李继迁不但全面掌控着西北地区，还北上占领了河套平原，之后又领兵西进，意图拿下河西走廊，夺取丝绸之路的咽喉。

此举让当时生存在河西走廊的回鹘、吐蕃等部落感到了巨大的挑战与威胁。

北宋咸平六年（1003，契丹统和二十一年），李继迁击败依附于北宋朝廷的吐蕃六谷部大首领潘罗支，占领了西凉府（今甘肃武威一带）。

同年，战败后的潘罗支设计派人向李继迁投降，实则是想借机偷袭李继迁。

而李继迁也万万没有想到，自己之前在宋、辽两大政权间来回诈降的把戏，这回会被对手用在了自己身上，结果中了潘罗支设下的埋伏，身受多处重伤后侥幸逃脱。

于是，英雄的故事走到了尾声。

没过多久，也就是在北宋景德元年（1004，契丹统和二十二年）正月二日，时年42岁的李继迁因伤势过重去世。

临死前，李继迁担心自己死后儿子李德明无法掌控混乱的局势，有可能会遭到北宋的威胁，于是便告诫李德明在自己过世之后，要向北宋朝廷乞降，以确保自己死后北宋不会对西北地区发起进攻。

李继迁一生有勇有谋，懂得审时度势，但同时也是一个叛服无常、不达目的誓不罢休的人物。

是他将原先犹如一盘散沙的党项人紧紧团结在了一起，使其成为一股时刻威胁北宋政权的强大力量，为后来其孙李元昊建立近200年的西夏政权打下了坚固的基础。

（二）李德明的版图扩张

北宋大中祥符五年（1012，契丹统和三十年），李德明追尊父亲李继迁为"应运法天神智仁圣至道广德孝光皇帝"，34年之后，其孙李元昊又追谥其为神武皇帝，庙号太祖，陵墓裕陵。

现今，有很多人认为西夏皇陵的设计者理所应当是西夏的开国君主李元昊，但其实西夏皇陵真正的总设计师是李元昊的父亲李德明。

考古调查显示，2号陵为嘉陵，该墓位于西夏陵区南端裕陵之西北约30米，经考古研究现确认，2号陵为西夏开国君主李元昊之父李德明之墓。

那么，李德明是如何在辽、宋两大政权之间周旋来保全自己的实力并逐渐壮大的呢？他为后来其子李元昊建立西夏政权又打下了哪些基础？

西夏太宗李德明（981—1032），小字阿移，在《辽史》中因为避辽穆宗耶律璟（明）之讳记为"李德昭"。

北宋景德元年（1004，契丹统和二十二年），李继迁去世，李德明即位于柩前，嗣夏王位。

这一年也是历史上辽、宋两大政权签订"澶渊之盟"，互约为兄弟之

墓史密码之神秘的西夏皇陵

国的一年。

自李继迁箭伤不治而亡后，年仅23岁的李德明心中就有了一个和辽、宋两大政权分庭抗礼的想法。

首先在都城和陵墓的建造上，他积极模仿当时的北宋，想和之前的大唐盛世一样，在历史上留下永垂不朽的功绩，供后人称赞；同时让自己所领导的党项人成为西北地区永久的主人，不再受人驱使，被后人尊崇敬仰。

李德明非常聪明，史书上说他"为人深沉有器度，多权谋"。

他继位后做的第一件事就是对内保境息民，恢复生产；对外依附辽、宋，专力向西发展。他"脚踏两条船"在辽、宋之间左右逢源，既接受了北宋所册封的"西平王"称号，同时又接受了北方辽国册封的"大夏国王"称号。

当李继迁去世不久，权力转移、主少国弱之时，曾与李继迁交锋过的曹玮便上表北宋朝廷，希望能借此时机派兵彻底歼灭党项李氏，夺回西北边的五州之地。

而与此同时，六谷部首领潘罗支也向北宋上表，请求北宋能派兵与自己一方联手攻打西北的党项人。

但可惜的是，当时的宋真宗与自己的父亲及叔伯不一样，他一向对出兵打仗反感，总觉得这是一种劳民伤财的下下策。

在宋真宗的观念里，能不动兵就尽量不动。

第二章 辉煌的开始

只要李德明能保持做表面功夫,一直向自己称臣,每年能按时按点向自己纳贡,就没必要出兵为难对方,因此,宋真宗果断拒绝了曹玮与潘罗支的出兵请求。

不料,宋真宗的这一举动却恰恰给了李德明咸鱼翻身的机会。

他唆使在六谷部管辖境内的党项人造反。

北宋景德元年(1004,契丹统和二十二年)六月,潘罗支被杀,其弟厮铎督接任大首领。可惜的是,这厮铎督的综合能力却远不及自己的哥哥潘罗支,导致六谷部人心涣散,逐渐失去了对李德明的威胁。

此时,李德明虽然报了父仇,却又迎来了更大的挑战。

如何在辽、宋两大政权之间保全自己的实力?

自从父亲李继迁去世之后,李德明大体依照父亲临终前的嘱托,对北宋俯首称臣,但李德明在其中也做了一些细微的变动。

他将父亲李继迁去世的消息率先报告给了北边的辽国,借此向辽国表达了自己的忠心。

对此,辽帝非常高兴,给了李德明不少封赏。

但与此同时,李德明又派人赶到北宋的都城开封府,与宋真宗谈和,意图缓和之前与北宋之间剑拔弩张的紧张关系。

他心里非常清楚,以北宋目前的实力对付自己是非常容易的,但宋真宗始终没有对自己一方出兵,这显然是给足了自己机会,只要自己表现得乖巧些,依附着北边强大的辽帝国与北宋谈和平,北宋也不会不理

墓史密码之神秘的西夏皇陵

会自己。如此一来，就保全了党项李氏在西北长期生存的希望。

北宋景德二年（1005，契丹统和二十三年），由于辽、宋两大政权的"澶渊之盟"已签订，南、北两大势力开始了长达120年之久的表面和平相处时期。

在这一时期，社会经济发展迅速，百姓的生活幸福指数得到了空前的提高。

此时，北宋对待西北党项李氏时，不得不顾及北方辽国的态度。

在这个阶段，李德明也成了两大势力暗中争取的对象。

这样的局势对李德明来说无疑是相当安全的。

因此，北宋与李德明一方的和谈是在战争概率几乎为零的基础上展开的。

北宋向李德明提出了几点要求：

第一，归还之前党项人占领的灵州。

第二，释放俘虏的宋兵，并撤兵退回五州之地。

第三，李德明要将自己的儿子送往北宋开封府做"质子"。

第四，解散私自聚集的部队。

第五，任何事宜从此都要听从北宋朝廷一方的安排。

当然，除了以上这些苛刻条件外，北宋还给了李德明看似较为优惠的条件作为安抚。例如：党项人可以随意入宋境进行贸易活动，之前被禁的盐业也可正常买卖。

第二章 辉煌的开始

在北宋提出的几点要求中，李德明对第一点和第三点不满，他坚持不肯归还灵州以及送自己的儿子去开封做"质子"。

灵州是他父亲李继迁舍生忘死才打下的地方，他怎么肯轻易地交出去？而将自己的儿子送到开封去，等于将自己的辫子送到了宋真宗的手里，往后党项人哪里还有翻身之日？

不得不说，李德明非常有智慧，只要拒绝了这两点要求，其他几点他即便答应了也是形同虚设。

北宋因为要时刻注意着北边辽国的态度，对于李德明的坚决也是无计可施。

但宋真宗毕竟也不是个简单人物。

既然李德明一方拒绝了自己所提出的最核心的两条要求，那么宋真宗一方就将开出的"贸易自由"这一项优惠条件也收回了。

但正常渠道的关闭，并不影响民间百姓的实质贸易。

两方的百姓明面上不能有贸易交往，却可以暗地里进行走私交易。

这对李德明来说不但丝毫没有损失，反而有机会比之前赚得更多了。

于是，他派专人暗地里在边境风风火火地与北宋边民做起了走私贸易，很快就赚得盆满钵满。

北宋景德元年（1004，契丹统和二十二年）七月，辽国君主正式册封李德明为西平王。

第三年，即北宋景德三年（1006），李德明与北宋的和谈协议最终达

墓史密码之神秘的西夏皇陵

成。

十月，李德明又接受了北宋册封的"西平王"称号，官职为定难军节度使兼侍中。

在此之后的20余年间，李德明多次受到北方辽国与北宋两方的册封，可以说是春风得意，风光无限。

在此期间，李德明与北宋之间几乎没有发生过任何大规模的战役。

直到北宋天圣元年（1023，契丹太平三年），觉得自己的财力与军队实力都已经今非昔比的李德明开始试探性地派出一小拨人马进攻北宋庆州府。

但北宋朝廷接到消息后只是派出曹玮出兵庆州府防御，而不是与党项人对战反击。

而对一直依附的辽国，李德明也开始渐渐不当回事了。

对此，辽圣宗很是不满。

早在北宋真宗天禧四年（1020，契丹开泰九年），辽圣宗就以狩猎为名，带兵攻打了李德明管辖的凉甸。

但当时的辽帝国早已不是全盛时期的兵强马壮，自萧太后、韩德让等风云人物过世之后，这个昔日草原上的霸主早已被奢靡浮华的享乐生活给侵蚀了。

所以，即便是君主亲率兵马50万开拔至夏境作战也没有占得一点儿便宜。

第二章 辉煌的开始

党项人利用西北荒漠的地理优势，将辽军拖得人困马乏，最终战胜了辽军。

同年，李德明由西平府迁都怀远镇（原属灵州，今宁夏回族自治区银川市），将其改名为兴州。

北宋天禧五年（1021，契丹太平元年），北方辽国因侵夏失败，特派遣金吾卫上将军萧孝诚赐李德明玉册金印，册封李德明为尚书令、大夏国王。

北宋乾兴元年（1022，契丹太平二年），北宋加封李德明为纯诚功臣。

对于北宋来说，景德议和无疑是亏本的买卖，而对于李德明而言，所获得的好处远远超出了父亲李继迁以及自己之前的预期。

每逢元旦、冬至等节日，李德明都要派遣牙校前去汴京通贡，而宋真宗不仅赐给李德明官爵、物品，还派遣使者赠送给李德明《仪天具注历》。

20多年的太平盛世，使李德明得到了充分发展的良好时机。

李德明在辽、宋两大政权之间的低眉顺眼，看似低人一等，实际却大大给自己争取了修身养性的空间。

他每次向辽、宋进贡之时，借机大肆在边境处走私。

而对此，辽、宋两朝其实也早已了然于胸，只是睁一只眼闭一只眼，给出了既不认可也不打击的默许态度。

墓史密码之神秘的西夏皇陵

有了足够的钱之后，李德明便开始计划在雄伟的贺兰山脚下为父亲李继迁及自己修建豪华的陵墓宫殿。

他给自己父亲李继迁的陵墓命名为"裕陵"，从此也展开了在贺兰山脚下这一片神秘区域近200年的西夏皇陵的营建。

这个时候，他所统辖的西北地区俨然已是独立于辽、宋之外的政权。

北宋天圣六年（1028，契丹太平八年），李德明派遣自己的儿子李元昊率军攻打盘踞在甘州一带的回鹘各部落。

两年后，李元昊又夺取了瓜州（今甘肃省瓜州县东）和沙州（今甘肃省敦煌市东）。"攻甘州，拔之……将兵攻凉州，回鹘势孤不能拒，遂拔其城。"

凉州、甘州以及李元昊后来拿下的瓜州和沙州，其实就是一块地盘不算大的狭长地带，李德明为何要在这块巴掌大的地方较劲20多年呢？

俗话说"麻雀虽小，五脏俱全"，四州虽小，其地位却十分重要，因为这条狭长的通道叫作"河西走廊"。

河西走廊是中国古代内地通往西域的要道，也是古西北首府所在地，以及佛教东传的第一站、丝绸之路西去的咽喉、经略西北的军事重镇、中原名士躲避北方战火的栖息场所。

在古代，这里曾是富足之地，也是兵家必争之地。

换言之，只要占据了河西走廊就等于掐住了当时经济的咽喉。

"西凉南界横山，西通西域，东距河西，土宜三种，善水草，所谓凉

第二章 辉煌的开始

州畜牧甲天下者也。"

因此，河西走廊对于西夏的战略意义十分重大。

"德明立国兴、灵，不得西凉，则酒泉、敦煌诸郡势不能通，故其毕世经营，精神全注于此。"

拿下了甘州回鹘之后，李德明就已几乎占据了整个西北地区和重要的河西走廊，所管辖的领土直达玉门关一带。

西夏的版图与辽、宋两大政权相比小了许多，疆域内大部分地区都属于戈壁荒滩的不毛之地，只有东部地区是个水草丰美的绝好粮仓。仅靠这么小的一块地盘，战略纵深不够，经济实力也不足以支撑李德明扩张以争取生存空间的夙愿。

而河西走廊恰巧是一个能补充所有资源不足的重要地带。

所以夺取河西走廊之后，李德明就等于填补了所有资金以及物资上的短板，也就有了可与北宋、辽国三分天下的资本。

这一时期，他不但为自己的父亲李继迁与自己修建陵墓，还营建了豪华的宫殿楼宇、馆驿、桥道等，大刀阔斧地改造所统辖的地区。

除此之外，他还吸收了辽国与北宋两地的礼仪，并融合了党项人的习俗，制定了一套独特的礼仪制度。

北宋天圣七年（1029，契丹太平九年）二月，李德明想与北方的辽国修复关系，于是派人入辽，向辽圣宗为自己的儿子李元昊请婚，辽圣宗同意并将母族卫慕氏嫁与李元昊。

墓史密码之神秘的西夏皇陵

次年三月，盘踞在瓜州一带的回鹘王自知实力实在比不过李德明，打起来肯定吃亏，于是便向其举白旗投降，自愿归附。

北宋天圣九年（1031，契丹太平十一年）六月，辽圣宗驾崩。十二月，辽国根据原先的婚约，将宗室之女兴平公主嫁给李德明之子李元昊。

北宋明道元年（1032，契丹重熙元年）五月，宋仁宗因李德明长久以来都比较听话、顺从，特册封李德明为夏王，在生活方面享受的各项待遇规格只比自己这个皇帝低一个等级。

而李德明此时也已有了想称帝与辽、宋三分天下的盘算。

从1007年至1032年，李德明攻凉州25年，从1008年至1028年，李德明攻甘州20年，其间虽数次兵败，但终于"修成正果"。

可事与愿违，就在李德明万事俱备、准备称帝建立一个由党项人当家作主的国家之际，他的生命却走到了尽头。

北宋明道元年（1032）十月，李德明病逝，年仅51岁，其子元昊称帝后，追赠其为光圣皇帝，庙号太宗。

可惜老天始终没有给李德明一个堂堂正正坐上龙椅的机会。

宋仁宗得知消息后为其辍朝三日，身穿素服，为李德明举哀，并追封李德明为太师、尚书令兼中书令。

此时的西北党项李氏虽还未正式建国，却已经具备了对抗辽国与北宋的资本。

李德明在统治期间，一直迫使北宋朝廷在贸易上做出很多让步，同

第二章 辉煌的开始

时也获得了丰厚的利润。

李德明的一生,对于党项人的发展起到承上启下的作用,不但发展了先祖的基业,同时也扩张了势力,为后来李元昊建国打下了牢固的基础。

"从德明纳款之后,经谋不息,西击吐蕃、回鹘,拓疆数千里。""东尽黄河,西界玉门,南接萧关,北控大漠,地方万余里。"

李德明去世之后安葬于自己生前所修建的嘉陵中。

(三)李元昊辉煌建国

在李德明去世之后,领导党项人走向辉煌未来的重担就全寄托在了李德明年轻的儿子李元昊肩上。

如今,西夏陵区内的泰陵为3号陵,经考古研究确定,该墓的主人正是西夏的开国君主李元昊。该墓位于西夏博物馆西南,俗称"昊王墓",是游客们经常参观的一处西夏皇陵,茔域面积约15万平方米。

目前,该墓虽遭破坏,但仍是整个陵区中规模最大的西夏皇陵。

那么,李元昊生前又是一个怎样的人物?他平生又有哪些丰功伟绩?

李元昊(1003—1048),银州米脂寨(今陕西省米脂县)人。

说到西夏的历史,就不得不提它的开国君主夏景宗李元昊。

当我们翻开西夏历史时,会惊奇地发现几乎有一半的篇幅都是在介绍这位传奇人物的事迹。

墓史密码之神秘的西夏皇陵

李元昊是一个非常神秘的历史人物。

他在政治、军事、文化发展等方面的成就都远远超过了他的父亲李德明与祖父李继迁。

历史上关于他的相貌特征一直以来也有很多种不同的传闻。

相传，在李元昊降世的时候，啼声英异，双目奕奕有青光。

北宋时，有一名宋将对此很是好奇，于是就派了一名边关将士乔装成普通百姓，到西北边境地区北宋与党项人开展商业贸易往来的榷场守株待兔，等候李元昊的出现。

于是这名被派往榷场等候李元昊的北宋将士，就趁着李元昊出现的时候，快速用笔墨将李元昊的相貌绘在了纸上。

当这名北宋将士亲眼看到李元昊时，不由得暗自感慨。

《西夏书事·卷十一》中对当时的李元昊相貌有这样的叙述："及长，圆面高准，身长五尺余，通兵法，精《野战歌》及《太乙金鉴诀》。遇战斗，谋勇为诸将先。"

这段文字足以证明李元昊非常英俊魁梧，是个少见的美男子。

他长有圆圆的脸庞，炯炯的目光下，鹰钩鼻子耸起，刚毅中带着几分凛然不可侵犯的神态，中等身材，却显得魁梧雄壮，英气逼人；平时喜欢穿一身白衣，戴黑冠，身背弓弩，腰悬长剑，俨然一副鲜衣怒马的英俊少年郎形象。

他经常喜欢带着百余骑兵出行，自乘骏马，前有两名旗手开道，后

第二章 辉煌的开始

有侍卫步卒张青色伞盖相随，从骑杂沓，威风凛凛。

少年时期的李元昊经常喜欢巡视榷场，与不同的人接触，学习他们的语言，了解他们的风俗。

他天生性格雄毅，目光独到，深谋远虑，年仅13岁时就曾为父亲李德明分忧解难。

在他的心中，始终有着一个伟大的抱负——建立一个由党项人当家作主的国家，从此不再受任何人摆布。

在李元昊的少年时期，父亲李德明也一直在为这一伟大的愿望而谋划奋斗。

在成功拿下夏州之后，李元昊的祖父李继迁便设计营建西平府。但几十年之后，李元昊的父亲李德明就发现西平府已经无法支持自己实现那伟大而冒险的梦想。

西平府通过几十年的发展，虽然已经日渐兴旺，交通便利，但这里始终有一个破绽，而且是致命的破绽。

那就是西平府方圆百里都是一马平川，没有任何屏障与天险，如果有敌军来侵袭，将会很难防守。

因为，当初李继迁在改造灵州的时候，对它的定位不仅仅是一座繁华的城市，还是一个军事要地。

既然是军事要地，其主要的功能就是防范北边南下的其他游牧民族。

但随着历史的发展，李德明感到将灵州作为自己的根据地，所起到

墓史密码之神秘的西夏皇陵

的作用就不是很大了。

在灵州的北面有一座山，如一道天然的屏障将草原大漠与平原绿洲一分为二。

这座山就是我们熟知的现在位于宁夏回族自治区境内的贺兰山。

贺兰山的西北方是一望无际的沙海大漠，而一山之隔的东南侧就是水草丰美的银川平原。

早在李唐时期，贺兰山附近就修建过一座小型的边塞城池。

一直到了北宋时期，这座城池依旧存在，并被人称作"怀远镇"。

而在当时，李德明看中的就是这座城池。

显然，他想将此处作为自己未来的大本营。

为了实现这个计划，他派人暗地里在北宋境内花费高价聘请建筑学方面的专家和能工巧匠，在唐代小城的基础上扩建修筑一座崭新的城池。

北宋天禧五年（1021，契丹开泰十年），原先西平府的大批居民开始陆续前往新城居住。

这座新建的城池就是后来西夏的"兴州府"，它承载着党项人未来要兴旺发达的愿望。

兴州府背面是巍峨雄伟的贺兰山，而天险黄河则绕其东南，非常适合军事防御。

一切仿佛正向着李德明之前设想的方向发展。

但就在这时候，李德明却与自己的儿子李元昊之间发生了观念上的

第二章 辉煌的开始

分歧。

自李继迁去世之后,李德明虽然也有建国的念头,但怎奈当时党项人的实力还不足以与北宋抗衡。

所以在表面上,李德明一直保持着对北宋的臣属关系。

但儿子李元昊认为,党项人所占据的西北地区有着天然的地理优势,加之党项男儿天生勇猛狂野,党项人的武器更是出了名的精良——有如此优越的条件,何必屈服于北宋?

年轻的李元昊并不了解,李德明对北宋的臣服只是一种表面功夫,他想用时间来给党项人换取更多的发展空间。

在长达24年的休养生息之后,李德明发动了一次试探性的战争,拿下了甘州等地,夺取了河西走廊。

在成功控制了河西走廊之后,李德明正式宣布李元昊为自己的接班人。

当然,这与李元昊很早就表现出的在军事、政治方面的才能有很大关系。

军事上的胜利使李元昊不愿再像父亲执政时那样一味地对北宋俯首称臣。

为此,父子二人不止一次发生过激烈争执。

北宋明道元年(1032),就在李元昊率军攻下了当时还是北宋控制的凉州的这一年,李德明突然离开了人世。

墓史密码之神秘的西夏皇陵

而正因为之前李元昊与父亲李德明在政见上有分歧，而且李元昊是李德明死后的最大受益者，所以有很多人认为是李元昊害死了自己的父亲。

在李元昊正式继位之后，北宋方面让他继承了李德明生前所有的官职及爵位，封他为定难军节度使兼西平王。

但这样的做法丝毫不能使李元昊心中的摆脱北宋控制、独立建国的想法减弱一分。

在正式称帝建国前，李元昊采取了一系列新的文化措施，所以刚开始执政不久，他便发布号令，用强硬的军事手段来管治下面的各个游牧部落。

不仅如此，他还做出了更进一步的决定，那就是将之前李唐时期皇帝赐给党项李氏的"李"姓和之后北宋皇帝所赐的"赵"姓全部改掉，更加没有恢复祖上的拓跋姓氏，而是自顾自地改成了"嵬名"。

相传，这个"嵬名"是党项语中"元"字的发音，而"元"是十六国时期，北魏皇族将自己原先的"拓跋"姓氏改后的中原姓氏，而党项李氏向来自称是鲜卑拓跋的后人。

李元昊此举无非是抬高自己的显贵身份，为后来称帝建国找突破口。

北宋天圣十年（1032，契丹景福二年），李元昊颁布了"秃发令"。他自己率先剃光头顶，穿耳戴重环饰，并命部族人民一律执行，限期三日，有不从者处死。

第二章　辉煌的开始

此令象征党项从此与北宋划清界限。

此令一出，顿时引起党项部民争相剃发。

北宋明道二年（1033，契丹重熙二年），李元昊又改宋明道年号为"显道"，以避父讳，次年，自建元开运，又改广运。

而在此之后，李元昊又大胆地向称帝迈进了一步，统一了服饰，将自己之前所穿的中原服饰改成了衣白窄衫，毡冠红里，冠顶后垂红结绶。官员则按等级职别规定服饰；庶民百姓，只准穿青绿色的衣服，以别贵贱。

他在继位之后即着手创制一种记录党项族语言的文字，即西夏文字。

一个民族，要想发展壮大，要想有本民族的特色，除了自身的语言之外，还需要创造出独立的文字来搭配语言进行思想传播和文化传承，不然很快就会被其他文化强盛的民族所同化，最终消亡在历史的长河之中。

而党项人几百年来一直通用汉文，行中原礼乐，这一点很不利于党项民族自身的发展。

李元昊与大臣野利仁荣讨论时道："王者制礼作乐，道在宜民。蕃俗以忠实为先，战斗为务，若唐宋之缛节繁音，吾无取焉。"

李元昊在戎马倥偬中，还亲自筹划和主持创制文字的工作，命大臣野利仁荣等整理演绎，编纂成12卷。

现今，有的史书中也将其称为"蕃书"。

墓史密码之神秘的西夏皇陵

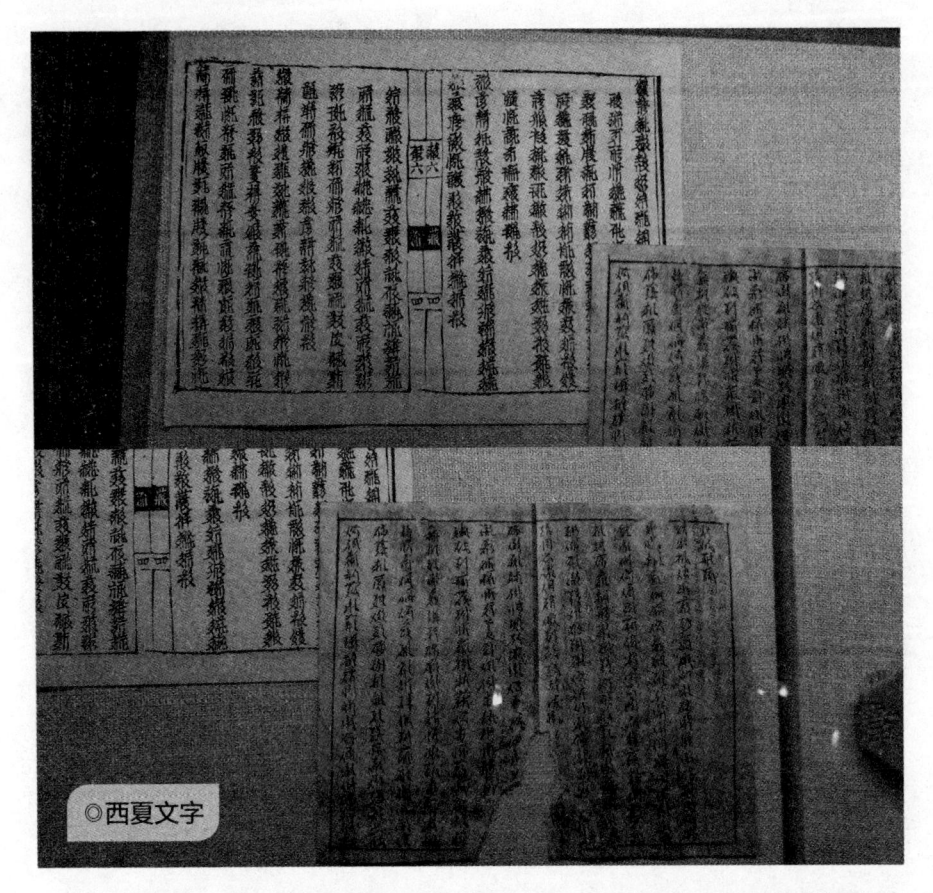

◎西夏文字

　　李元昊将这种新创造的文字定为"国字",下令此后凡纪事尽用蕃书。

　　此外,他又设立"蕃字院",以传授学习,推广使用;在与辽、宋朝往来的文书中,都使用两种文字书写。

　　他锐意改革,提倡以"忠实为先,战斗为务",以讲求实效的精神来指导礼乐改革,在"吉凶、嘉宾、宗祀、燕享"诸场合中,"裁礼之九拜为三拜,革乐之五音为一音",简化了礼乐制度,并下令照此遵行,有不遵守者,格杀勿论。

　　在政治、军事制度方面,李元昊进行了一系列的建设。他仿宋朝官制建立起一整套与宋朝大同小异的中央与地方官制体系。

他十分重视军队的建设，在取得河西走廊之后，着手整顿军队，在原有部落军事组织的基础上，建立正规的军事制度。如规定成丁年龄，"抄"的组织，"正军"与"负赡"的任务与条件，军队的装备、设施，以及以步兵、骑兵为主，辅以炮兵、"擒生军"、侍卫亲军等的多兵种。

李元昊显道二年（1033）五月，李元昊将兴州正式更名为兴庆府，定为都城，并效仿李唐盛世时期的长安城、北宋的开封府，开始大兴土木，大肆修建宫殿楼宇。

至此，李元昊这个西平王又向独立建国迈出了一大步。

李元昊这一系列大胆冒险行为的目的已经昭然若揭，但在表面上还不敢与宗主国北宋闹翻。

眼下他还需要更进一步，更快地使自己强大起来才行。

基于此，李元昊连续不断地向西边的吐蕃出兵。

七月，李元昊派将领苏奴尔率大军对河湟吐蕃进攻，攻打猫牛城（今青海省大通县），并成功攻占。

这一次的成功使得李元昊以为没有了潘罗支的六谷部就是一盘散沙，根本不堪一击。

因此，到了李元昊广运二年（1035），李元昊趁唃厮啰发生内乱之时，出兵进攻宗哥、带星岭诸城寨，进围青唐城，与唃厮啰部将安子罗交战，苦斗200余日。

墓史密码之神秘的西夏皇陵

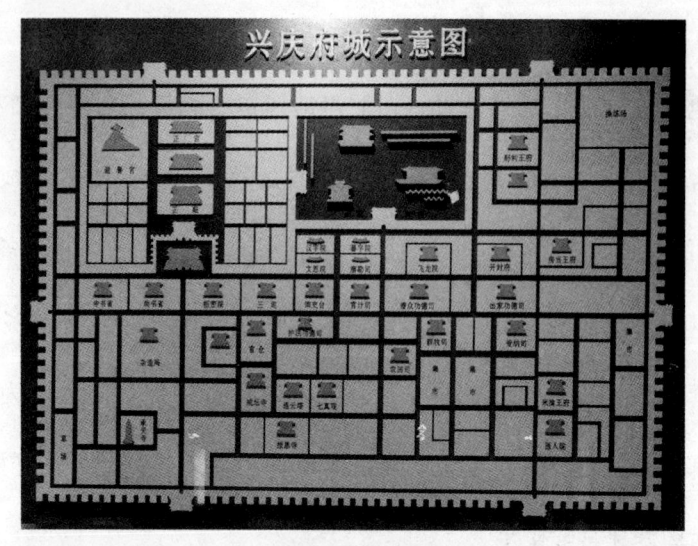

◎兴庆府城示意图

李元昊撤军渡宗哥河时,被安子罗军击溃败逃。

十二月,李元昊亲自率领大军进攻河湟,然而又一次败于唃厮啰。

此后,李元昊一生都再也没有与唃厮啰发生过战争,而河湟吐蕃也成了北宋在西边牵制李元昊不可小觑的力量。

此时的李元昊一边防守着唃厮啰的随时来犯,一边继续加快建国的步伐。

李元昊大庆二年(1037)四月,一向与李元昊夫妻关系不和睦的辽国公主兴平公主突然离世。

消息传到辽国后,辽兴宗大怒,派人质问李元昊。此事也使辽夏双方结下梁子,为日后辽、夏之间的战争埋下了伏笔。

七月,李元昊又在贺兰山召集治下各个部族的首领会盟,声称自己

第二章 辉煌的开始

即将称帝建国，希望各部落首领支持。

此时，他似乎扫清了所有称帝的障碍。母族隐患已彻底被清除，许多反对他的文武大臣也被杀得干干净净，能活下来并且敢在他面前直言不讳的人都是他同族同姓的兄弟。

到了北宋景祐五年（1038），李元昊在野利仁荣、杨守素等亲信大臣的拥戴下，正式登上了皇帝的宝座，国号称大夏（北宋史称西夏），改元天授礼法延祚。

他登基的第一天便大封群臣，追谥祖父、父亲以及母亲谥号、庙号、墓号，而后又封了自己的王妃野利氏为国母皇后，立大儿子李宁明为皇太子。

但令人难以捉摸的是，仅仅第二年，他又以臣子的身份，派人到北宋向宋仁宗上表，追述自己家族素来与中原王朝关系良好，说明自己虽称帝但永远尊北宋为宗主国，希望宋仁宗能承认他做皇帝的合法性。

李元昊这么做当然不是真的要寻求北宋方面的认可，而是借机试探宋仁宗的态度。

可想而知，这种过分且越界的要求宋仁宗自然不会答应。

宋仁宗勃然大怒，下诏给李元昊"削夺赐姓官爵"，并且停止北宋与西夏的互市，使西夏境内的粮食、绢帛、布匹、茶叶及其他生活用品奇缺，物价昂贵，"国中为'十不如'之谣以怨之"。

宋仁宗想用关闭榷场的方式来惩罚李元昊。

墓史密码之神秘的西夏皇陵

如此一来，西夏境内民怨沸腾，阶级矛盾与民族矛盾加剧，很多人携家带口逃往北宋境内，一时间局面难以控制。

此外，北宋一方还在宋、夏边境处张贴告示，以高价悬赏缉拿斩杀李元昊。

李元昊将这一切都看在了眼里，记在了心中。

此后，他频繁派出探子到边境刺探军情，四处煽动谣言，使宋朝境内的党项人和汉人附夏，并且断绝了西夏同北宋的使节往来，又借助北方辽国的强大势力威胁北宋。

李元昊想用这种方式激怒宋仁宗，有意挑起宋、夏之间的战争，好将所有的罪责都扣在北宋一方的头上。

西夏天授礼法延祚二年（1039），李元昊开始用大量的金银细软、官爵、美女等诱惑宋夏边境的北宋官兵及将领。

十一月，西夏军攻打保安军（今陕西志丹县），北宋名将狄青披发，头戴青铜面具出征迎战，李元昊不敌，只好退兵。

西夏天授礼法延祚三年（1040）到五年（1042），李元昊多次出兵向宋朝发动进攻，其中大规模军事行动有三次：天授礼法延祚三年（1040）正月在延州（今陕西延安）附近的三川口战役；四年（1041）二月，镇戎军（今宁夏回族自治区固原）在东南六盘山地区的好水川之战；西夏天授礼法延祚五年（1042）秋，镇戎军在西北的定川寨之战。

这三战均以李元昊大获全胜而结束，于是在此之后，李元昊气焰嚣张地对群臣说道:"朕欲亲临渭水,直据长安。"

虽然在战事上取得了胜利,但李元昊为此付出了沉重的代价。

由于宋、夏两国爆发战争,使西夏民穷财尽,阶级矛盾与民族矛盾日益加剧。

此时,李元昊意识到,凭眼下自己的实力要想战胜地广人众的北宋,不是件容易的事情,而北宋在战略上的优势是西夏一时半刻无法赶上的,与其和北宋对抗不如先服软,等到日后羽翼丰满之日再说。

想到这里,李元昊便打定了主意,主动向北宋求和。

然而,就在这个阶段,一直袖手旁观、隔岸观火的北方辽国抓住了机会。

辽利用宋、夏对立,出兵至辽、宋边境地区,向宋讨价还价,从中得利,用强大的军事威胁迫使北宋与西夏和谈,甚至以牺牲西夏利益从宋朝得到实惠,这引起了李元昊的强烈不满。

而辽、夏之间,也因此开始矛盾激化,最后发展到了兵戎相见的程度。

李元昊为扩充自己的实力,经常派兵到辽、夏边境地区劫掠,大肆招募在辽境内生活的党项部落叛辽归夏。

西夏天授礼法延祚七年(1044,契丹重熙十三年),辽兴宗亲率10万骑兵长驱直入夏境攻打李元昊,西夏军节节败退,最后只能退守贺兰山。

墓史密码之神秘的西夏皇陵

李元昊深知自己一方抵不过辽军，于是向辽兴宗请和。

与此同时，李元昊主动下令兵马撤退三次，凡百余里。"每退必赭其地"，断其粮草，辽因此许和。

但谁知李元昊此举只是缓兵之计，实则一直在拖延时间，陷辽军于危困饥饿之时，突然来了个回马枪，率兵突袭辽军，使得辽军大败，最后辽兴宗只带了几十骑亲兵溃逃。

几场大战的胜利彻底扫清了李元昊的障碍。

但与此同时，李元昊又迎来了更大的麻烦。

李元昊为自己的儿子宁令哥娶亲，却没想到自己看上了美丽漂亮的儿媳，于是强行将其霸占。

西夏天授礼法延祚十一年（1048）正月十五日，宁令哥受没藏讹庞挑唆，闯入皇宫，持剑削去了醉酒中的李元昊的鼻梁。

李元昊最后因失血过多而死，年仅45岁，庙号景宗，谥号武烈皇帝。

螳螂捕蝉，黄雀在后。

整件事情的最后，没藏讹庞以"谋反弑父"的罪名将宁令哥处死，而当时不到1岁的李谅祚成了皇位的唯一继承人。

纵观李元昊的一生，不愧"伟大"二字。他执政时期开疆辟土，建立了传承近200年的政权，并创造推动了党项文字，将党项人从"裘褐披毡、淫秽蒸报"的原始荒蛮部落带向了文明。

然而可惜的是，这样一个可以载入史册供后人歌功颂德，"智足以创物先，才足以驭群策"的伟大君王，最后却因好色乱伦被自己的儿子所弑，死得实在有些窝囊。

三、探秘3号陵

（一）被盗的皇陵内却有意外发现

近千年以来，宁夏一直都是一处充满了神秘色彩的地方，而这其中最令人魂牵梦萦的恐怕就是被风沙掩埋的西夏历史。

如今虽早已沧海桑田，物是人非，但依旧无法阻止人们想去了解党项人当年的生活状态以及他们当年所留下来的文化遗迹的脚步。

而这一切都能在贺兰山脚下的西夏皇陵中找寻到答案。

20世纪70年代初，西夏皇陵群的发现，对于我国乃至世界考古学界来说，都是一件足以振奋人心且充满期待的大事。

近千年以来，西夏政权以及西夏皇陵都笼罩着一层神秘的面纱，给世人一种似真似幻的感觉。

说它神秘，是因为迄今为止，翻遍所有史料，有关西夏及西夏皇陵的资料都十分有限。

其实，这些年来考古工作人员对西夏皇陵进行过多次调查、测绘和

墓史密码之神秘的西夏皇陵

发掘。

1972年，图博文物事业管理局正式作出挖掘西夏皇陵的决定。当时，发掘任务的负责人是王冶秋，而宁夏回族自治区展览馆则承担西夏皇陵的主要发掘工作。

因此，自1972年至1975年，考古工作人员对陵区内的6号陵进行了挖掘，挖掘的内容包括其墓室、东西碑亭、内城南门门址等，并且清理了7号陵东、西两座碑亭。

1977年，考古工作人员又对5号陵东西碑亭及献殿遗址进行了清理。

1987年、1990年、1991年这三年，考古工作人员再次陆续对陵区进行了全面系统的调查与测绘。

这其中对3号陵泰陵的清理发掘是最突出的，也是最有代表性的。尤其是在1987年的春季，考古工作人员各个撸起袖子，开始正式对东碑亭进行大规模的发掘。

其实，早在1977年1月初，考古工作人员就已开始发掘这座陵墓了。从当时发掘的情况看，西夏皇陵3号陵的陵寝墓室均是人为掏制的土洞墓穴，无一砖石结构。

更令人不解的是，在简陋的墓室内很少发现有贵重的陪葬品。

在对西夏皇陵的整个挖掘清理过程中，每个考古工作者一直以来都有个愿望，那就是希望能打开一个完全没被盗掘过的陵墓。

但残酷的现实一次次无情地打击着他们。

第二章 辉煌的开始

直到 1977 年 2 月，众人这个期盼已久的心愿终于得以实现。

人们把所有的精力放在了 3 号陵的一座陪葬墓上。

经过 7 个月的辛苦挖掘之后，在墓门终于被打开的那一刻，在场所有人都紧张得双手冒汗，嗓子发干，心也在不停地狂跳。

但可惜，真相是残酷的，这一次的挖掘又令众人大失所望。

突然出现在墓室斜角的盗洞，使大家的心如坠冰窟，一下跌到了谷底。

很明显，这座陵墓也没能逃过被盗墓者光顾的悲惨命运。

心情低落、垂头丧气的考古工作人员最后只能在这座墓中做一些最基础的常规清理工作。

可令人意想不到的是，仅仅几天之后，奇迹便出现了——一件造型精美的鎏金铜牛从黄土中慢慢地显露出来。

这件鎏金铜牛现已被国家定为一级文物，它身长 1.2 米，体重 188 千克，通体鎏金，造型生动，形象逼真，在国内属首次发现，是一件无可置疑的国宝级文物。

当时，与鎏金铜牛一起重见天日的还有一件与铜牛大小相近的石马。

这一发现让所有的考古工作人员激动万分。

然而，惊喜远远不止于此。

2000 年，经国家文物局批准，宁夏回族自治区文物考古研究所和银川西夏陵区管理处对 3 号陵进行了长时间、大规模的发掘，最终除鎏金

墓史密码之神秘的西夏皇陵

铜牛外，还有铜铎、铜带扣、铜兽面饰和铜节各1件出土。

当时，国家文物局还派出多位资深专家担任顾问，亲临现场给予指导。

自2000年5月起至2001年10月底，考古工作者分四个阶段对陵园进行全面发掘清理，总计面积3.2万多平方米，清理出土大量建筑材料。

其中仅瓦当就有14万件之多，不少建筑装饰构件具有很高的研究价值。

这次清理发掘，时间之长、规模之大、收获之多，在西夏考古史上都是无可比拟的。

发掘物中以建筑用砖为最多，数量惊人，却极少见瓦片。

由于破坏烧毁严重，屋顶的建筑风格已无法推测。

富有特征的花纹砖，图案在8种以上。

粗绳纹砖中部多在凹槽内有1个汉字，如李、牛、言、五等汉字姓氏或记号，表明了在营建陵园的过程中曾有汉族工匠参与。

当然，这里特别值得一提的是，就在2000年5月，考古工作人员在3号陵地下50厘米处还发现了一个直径10多厘米、具有佛像特征的实心灰陶佛头。

当年9月，考古工作者们的地面清理工作转移到了该陵的东门一带。在这里，一个大体完整、带有翅膀、造型独特的佛像被清理出来，考古专家确认此物名为"迦陵频伽"。

那么,"迦陵频伽"究竟是什么?

它的发现又对我国有何重大意义?

(二)泰陵·发现神秘佛头

妙音鸟,梵语叫作"迦陵频伽"。

迦陵频伽来源于古印度的神话传说,它借鉴了古希腊、古罗马神话中有翼神祇——天使的某些形象特征,是古印度神话与古希腊、古罗马神话相结合的产物。

福尼克斯(Phoenix)——凤凰鸟,据古代传说,福尼克斯到年老时就燃火自焚,然后又从火中再生,即郭沫若所说的"凤凰涅槃"。

古人说福尼克斯形象如鹰,长着火红色和金黄色的美丽羽毛。古希腊神话中有半人半鸟的自然女神西壬诸海妖(Sirenes,译作美人鸟)。根据《奥德赛》中的描写,她们居住在客耳刻岛(Circe)和斯库拉岛(Scylla)之间,以其美妙的歌声引诱航海者,使他们迷而忘返。

古印度神鸟(Musikar)与古希腊有翼神像的组合,再一次升华就是荷马史诗《奥德赛》中的哈尔皮斯(Harpys),公元初年秣菟罗附近康迦黎(Kandali)带状雕饰上的美人鸟,这种造型就是佛教取之于形、绘之于壁的娱佛神。

佛教吸收其为护法神以壮大神祇阵容,一开始便给这种司文艺的"人首鸟"赐名迦陵频伽。

佛教徒在对佛陀崇拜的同时,吸取了古希腊、古罗马有关神的形象

墓史密码之神秘的西夏皇陵

和特征,与古印度神话传说中某些神的形象特征结合,构成了形象完美且法力无边的印度佛教的天神。

《正法念经》说:"山谷旷野,多有迦陵频伽,出妙声音,若天(神)若人,紧那罗(歌神)无能及者。"《慧苑音义》说:"迦陵频伽,此云美音鸟,或云妙音鸟。此鸟本出雪山,在壳中即能鸣,其音和雅,听者无厌。"

此外,《佛学大辞典》中还有迦陵频伽舞条:"舞典名,译言鸟或不言乐,林邑(占城)之古乐,天竺祇园供养日,迦陵频伽来舞,时妙音天奏此曲,阿难(释迦牟尼十大弟子之一)传之,遂流布云。"由此可见,迦陵频迦在不少佛经中都有记载,说明它们出自古印度神话和佛教传说,是半人半鸟的神鸟,被作为佛前的乐舞供养。

敦煌石窟的唐代壁画中,在无量佛(阿弥陀佛)的莲座下,绘有一对异鸟,人首鸟身,毛色斑斓,做反弹琵琶、振翅欲飞之状。

再有就是北宋皇祐元年(1049)河南开封的佑国寺塔(俗称铁塔)13层的塔檐翅角下,共嵌有104尊迦陵频伽。

另外,河南还有嵩山初祖庵,它建于北宋宣和七年(1125),有八角石柱16根,殿内的4根石柱上雕有右手执佛珠、左手执香花、背上有翅膀的迦陵频伽。西安临潼庆山寺地宫中所藏的一具亭式石函,在檐下刻有"人头凤身"的迦陵频伽。

据专家考证,在我国古代,迦陵频伽的形象最早出现在魏晋南北朝时期的北魏石刻上，而随后的李唐时期的敦煌壁画及铜镜上也多次出现过此类造型。

如今，在内蒙古自治区赤峰市巴林左旗辽上京南塔的浮雕迦陵频伽像，头梳发髻，脸型丰腴，额点朱痣，上身裸露，做飞翔状。

此外，值得一提的是，在主持修建了开封府廨、太庙及钦慈太后佛寺等大规模建筑的北宋著名建筑学家李诫所著的中国古建筑名著《营造法式》中，也有迦陵频伽持花送宝展翅飞翔的图像。

而在泉州开元寺大雄宝殿内的柱梁上，装置了24尊真人一般大小的木雕迦陵频伽。

这些木雕迦陵频伽均是上半身人头人身、下半身鸟体鸟爪的美丽女郎。

它们袒胸露臂，羽毛绚丽，头戴如意宝冠，背上两翼舒张，项挂璎珞，臂束钏镯，手持各色供品和各种乐器，在五方佛前奏乐歌舞。特别是它们头上的如意宝冠之上的莲花坐斗，顶托着大殿的通梁和横木。

据说，这样是起到一种建筑构件的作用，既把迦陵频伽作为出挑斗拱，又将其作为五方佛前的乐舞供养，更营造了佛国极乐世界的气氛，实在令人叹为观止。

而2000年在宁夏回族自治区西夏皇陵3号陵中出土的迦陵频伽，充分说明了唐宋时期佛教文化兴盛，许多被赋予神话色彩的崇拜物体及形象已经跳出佛教书本，作为一种欣赏的艺术，融入当时的建筑结构中。

墓史密码之神秘的西夏皇陵

◎迦陵频伽像

神话和原始宗教都赋予迦陵频伽超人的意志和非凡的神力，因而其有着独特的观赏价值和考古价值。

西夏皇陵3号陵出土的迦陵频伽有灰陶、红陶和琉璃3种质地，形制大体相同，通高45厘米至47厘米。其外形均为人首鸟身，蹲卧于空心器座上，腹部以上为人形，上身前倾，头戴四角叶纹花冠，面型浑圆丰润，眼睑低垂闭眼，双颌丰腴饱满，双手做坚实心合掌印于胸前，下腹呈蚕节状，双腿向后贴塑于器座两侧，双肋及尾部的条形榫孔内插双翼，羽翼丰满，状如大鹏展翅，长尾似蕉叶，双腿及爪跪骑于方形抹角

第二章　辉煌的开始

底座上，底座正面贴塑卷云弯曲纹于两侧。其以阴刻细线突出眉眼，神态静谧安详，整个造型非常具有异域的风格。

西夏皇陵3号陵泰陵位于整个陵区的中心地带，位置非常引人注目，规模相当之大。而当年李元昊将这妙音鸟的形象用于自己皇陵的建筑中，其目的显然是想告诉后世的人们：迦陵频伽作为佛教的神鸟，有它出现的地方必然是净土所在，而安葬在贺兰山脚下的皇帝自然就是所有西夏人心中神圣的佛。

◎西夏皇陵遗址鸟瞰（局部），是宁夏地区保存最完整、规模最大的帝王陵园

墓史密码之神秘的西夏皇陵

作为远古文明的发祥地之一，我国西北地区在历史上不仅是东西方重要的交通要道，还有着悠久的黄河文化。

近千年之前的辉煌灿烂的西夏文明正是在这里生根发芽，散发着淳朴、内敛的文化内涵。

截至目前，西夏皇陵已出土了约14万件瓦当，以及200多件建筑装饰品和珍贵文物。西夏皇陵以其十分丰厚的西夏历史文化沉淀、重大的文物价值和独特的建筑形制，强烈且鲜明地反映了西夏历史的文化特点，同时又填补了我国之前在西夏文化遗址考古上的空白，向人们展示了一个丰富多彩的西夏文化宝藏。

第三章

锐意图治

墓史密码之神秘的西夏皇陵

当西夏神秘的面纱被揭开时，这个延绵189年的王国闯入了人们的视野，李继迁、李德明、李元昊这三位君主奠定了西夏王朝的基调。而在接下来西夏漫长的发展中，李谅祚、李秉常、李乾顺、李仁孝这四位帝王的锐意图治，则将西夏政权推向了高潮，经济繁荣，百姓安居乐业，文化臻于鼎盛。西夏就像一轮升起的朝阳，在四位君主的统治下，尽情释放着自己的光芒。

一、年少有为

（一）少年天子李谅祚

在我国古代封建王朝历史上，从秦汉到明清，几乎每朝每代都出现过少年天子。

第三章 锐意图治

一般在10岁左右登基坐殿的皇帝被人们称为"幼帝",也叫作"少年天子"。

这些历史上的少年天子,有些能成就千秋伟业,成为名垂青史的明君,有些则令人扼腕叹息成为被人操控的傀儡。

有人曾经统计过,在封建王朝时代,中国一共产生过29位少年天子,而这其中年龄最小的当数东汉时期的汉殇帝刘隆。

刘隆登基时刚过百天,可是不到周岁就夭折了,按照民间的算法虚寿也才2岁,谥号孝殇皇帝。他是中国古代历史上寿命最短的皇帝,真是来去都匆匆,不带走一片云彩。

此外,战国末期,秦庄襄王子楚之子嬴政,也就是被后人称作"秦始皇"的那位,13岁便坐上了君主的位子。

当然,那时候还是由吕不韦掌控着朝政,一直到了公元前238年嬴政才亲政。

不难想象,亲政之前的嬴政一直都受着吕不韦的掌控,基本就是一个傀儡,所以这也造成了后期嬴政的多疑敏感。

亲政之后的嬴政大刀阔斧,干出了一系列排除异己的大事。他先借机举兵平乱,诛了嫪毐,并将自己的亲生母亲幽禁起来,第二年就将曾经辅佐自己的功臣吕不韦活生生逼死,从此自己独揽大权,后又灭六国,统一九州,设郡县,修长城,车同轨,书同文,行同伦,毁誉参半,供后人评说。

墓史密码之神秘的西夏皇陵

另外，还有一些小皇帝虽然很幸运，没有夭折，但活得十分窝囊，甚至到了被人同情的地步。

比如汉献帝便是其中的佼佼者。

他的命运可谓是一波三折，先是被"老狐狸"董卓强势立为皇帝，当作玩偶，后又被李傕挟持顶着战火奔赴四海游荡，之后遇见了曹操，本以为可以过上太平日子，却没想到又重回到傀儡的身份，最后终于被曹操的儿子曹丕所废，做了个"山阳公"。

当然，除了命运多舛，跌宕起伏，受人摆布，也有那种少年有为、一生风光无限的皇帝。

我们熟悉的汉武大帝刘彻，也算是一位少年天子。

刘彻是汉景帝的第十个儿子（也有说是第九个儿子），7岁时便被立为太子，16岁时登基做天子，由太皇太后窦氏垂帘听政把持朝政，他一点儿发言权也没有。直到窦氏死后刘彻才真正地亲政，将权力牢牢把控在了自己手里，一生在位共54年。

此后的历史，一直到清王朝，康熙帝才打破了刘彻的在位时长纪录。

说到康熙帝，他自然也是一位出了名的少年天子，而且是一位相当幸运的皇帝。

清朝入关之后传十帝，但这10位皇帝中有5位都是在8岁以下登基的，而康熙帝则是这5位少年天子中最有作为的一位君王。

康熙帝8岁登基坐上龙椅，14岁亲政，前后在位共61年，是我国古代封建王朝在位最久的一位帝王。

他老人家少年时期干的最令人拍案叫绝的一件大事，就是除去了当时权倾朝野的鳌拜。

按道理来说，鳌拜应该算是康熙帝的恩人。

当年皇太极去世，鳌拜坚决拥立先帝之子继位，这才有了后来康熙帝被立为太子的机会。

为了能让皇太极的儿子继承皇位，鳌拜不惜与睿亲王多尔衮等反对派兵戎相见，结下了梁子，多次遭受羞辱与打击。

可惜鳌拜是个性情刚烈却又心胸狭隘的人，到了后期，随着自己手上的权力越来越大，他愈加嚣张跋扈，终为康熙帝所不容。

汉武帝与康熙帝可算是中国古代少有的两位明君典范，二人一生都做过许多惊天动地的大事，每一件若单拎出来展开说都可以独立成书，绝对引人入胜，精彩至极。

但我们接下来要说的这位少年天子的平生事迹却比他们二位更加精彩，更加像一出早已被人安排好的戏。

这位少年天子一生中做过的最疯狂的事莫过于在13岁那年爱上了自己的表嫂，而且为了霸占表嫂不惜杀了舅父全家，却不料这位表嫂最后把持朝政长达18年之久。

这位疯狂的少年天子就是西夏历史上的第二位君主李谅祚。

李谅祚，又称"嵬名谅祚"或"拓跋谅祚"，夏景宗李元昊之子，生

墓史密码之神秘的西夏皇陵

母宣穆惠文皇后没藏氏。他是西夏的第二位君主,天授礼法延祚十一年（1048）至拱化五年十二月（1068年1月）在位,庙号毅宗,谥号昭英皇帝,葬于安陵。

目前西夏皇陵中的4号陵,据专家考证就是安陵。

安陵位于泰陵以西约2000米,陵园东、西、北三面环山,占地面积约为10万平方米,坐北朝南,陵台八面五级高15米。陵园整体布局与泰陵相似,由阙台、碑亭、月城、献殿、陵台、墓道六部分组成,现遗存碑亭一座。

李谅祚天生是一个做帝王的料,可惜的是活得并不长久。

为什么这么说呢？

要说清楚这个问题,我们得先从他个人的生平事迹开始说起。

西夏天授礼法延祚十一年（1048）正月,夏景宗李元昊被太子宁令哥刺伤身亡,西夏党项统治阶级的内部一时间明争暗斗。诸大臣欲遵照李元昊生前遗嘱,拥立太子宁令哥登基,但国相没藏讹庞却巧用"借刀杀人"的伎俩,除去了太子宁令哥,转头将还在襁褓之中的小皇子李谅祚拥立为帝位继承人。

但诸大臣如将军诺移赏都等人,大多主张遵从李元昊遗命,没藏讹庞反对,他说："委哥宁令非子,且无功,安得有国？"

诺移赏都提出反对意见,道："国今无主,然则何所立？不然,尔欲之乎？尔能保守夏土,则亦众所愿也。"

第三章　锐意图治

没藏讹庞道："予何敢哉！夏自祖考以来，父死子及，国人乃服。今没藏后有子，乃先王嫡嗣，立以为主，谁敢不服？"

枪杆子里面出政权，没藏太后因常年受李元昊的宠幸，使得众大臣不服都不行，只得遂奉李谅祚为帝，尊没藏氏为皇太后。

于是西夏的大权从这一刻开始，落入了国相没藏讹庞的手里，西夏开启了外戚专权的时代。

此时的幼主李谅祚不过刚满一周岁，根本没有能力处理国事，因此母亲没藏氏自然而然地做起了"垂帘听政"的工作，而没藏太后的哥哥没藏讹庞被任命为国相，权倾朝野，总揽朝政。

没藏讹庞在自己亲妹妹的撑腰下，飞扬跋扈，胡作非为，出入仪卫侔拟于王者。

当时，他垂涎北宋西北边境肥沃的土地，便派人暗地里偷偷在宋、夏边境耕种劳作，想瞒天过海，霸占北宋土地。

北宋对此很是不满，便与西夏发生冲突，双方各执一词。

后来北宋一方又用了老方法，关闭宋夏双方的自由贸易区榷场，使得西夏感到了巨大的压力，最终不得不向北宋低头。

此事因没藏讹庞的一己之私所引发，使得满朝文武官员都敢怒不敢言。

西夏延嗣宁国元年（1049）七月，辽兴宗为雪兵败南壁之耻，趁西夏新主李谅祚初立，下诏亲征。

墓史密码之神秘的西夏皇陵

没藏讹庞闻讯，派军匆忙迎战，结果一路败退。

次年五月，辽军势如破竹，一路击退夏军，包围了兴庆府，不仅纵兵火烧城池，抢掠百姓，还攻破了当时贺兰山西北的摊粮城（今内蒙古自治区巴音浩特北），将西夏的储备粮洗劫一空。

辽、夏第二次贺兰山之战，西夏大败，损失惨重。十月至十二月，没藏讹庞见形势不对，西夏军再打下去恐怕就要付出亡国的代价了，只好派人赴辽，代表新君李谅祚与辽国和谈，自愿继续向强大的辽国俯首称臣，往后的岁月里西夏依旧向辽国年年纳贡。

辽兴宗以谅祚幼弱，西夏朝中强臣用事为由，为遏制西夏，借机加强防卫，于边境布置重兵。

这一举动对西夏的威慑很大，从此西夏三天两头遣使赴辽进呈表章，纳贡，献牛、马、羊、驼。

李谅祚刚登基时，朝中以诺移赏都为首的三位大将各拥强兵数十万驻守在外，没藏讹宠还有点儿顾忌，平时做事为人还有所收敛，可当这三位大将逐一没落之后，他便越发气焰嚣张。

西夏福圣承道四年（1056），此时的李谅祚已经9岁，已开始渐渐懂事，他常常听到宫里流传着自己生母荒淫无度的八卦传闻。

没藏太后笃信佛教，是个虔诚的佛教徒，因此常常会去兴庆府的西承天寺中礼佛听演佛经。

但她同时又好玩乐，常令街市张灯结彩，率领骑士侍卫夜出游乐，

第三章 锐意图治

而且生性好男色。

同年的十月间,没藏太后与自己的男宠侍从宝保吃多已到贺兰山出猎,夜归途中,突然有数十骑骑兵跃出,击杀了没藏太后与其侍卫宝保吃多已。

此等丑闻迅速扩散,在宫中传开,朝中百官顿时一片哗然。

与此同时,失去了没藏太后这座大靠山,没藏讹庞顿时感觉危机四伏。

为了保住自己在朝中至高无上的地位,没藏讹庞自作主张将女儿嫁给了自己的外甥李谅祚为皇后,想以此保住自己的地位,继续把持朝政。

西夏奲都三年(1059),年满12岁的李谅祚开始渐渐参与国事,为日后的亲政作铺垫。

随着年龄的增长,李谅祚越来越对舅舅没藏讹庞祸乱朝纲、飞扬跋扈的行为不满。恰巧身旁两名亲信高怀昌、毛惟正经常将没藏讹庞与众大臣议论的各项事务反馈给李谅祚,这使得李谅祚与舅舅没藏讹庞的矛盾进一步加剧。

同年八月,没藏讹庞找到机会,将高怀昌、毛惟正二人除去,这么一来更加深了李谅祚想除掉没藏讹庞的决心。

此时的李谅祚深知自己的处境危险,他每时每刻都在想着如何铲除朝中异己。

就在这个时候,一个女人的出现使他眼前一亮。

墓史密码之神秘的西夏皇陵

这个女人不是别人，正是他表哥的媳妇，也就是没藏讹庞的儿媳妇梁氏。

梁氏是个汉家女子，自幼通晓琴棋书画，相貌端庄，举止优雅。

虽然皇宫内院从来不缺美女宫娥，可是梁氏的气质尤为突出，深深吸引了少年李谅祚。她只需要站在那里，微微一笑，就使得六宫粉黛全无颜色。

作为权臣家的媳妇，梁氏本就享受着一般民间女子享受不到的荣华富贵，但因为被皇上相中，她的命运又发生了一次突破性的转折。

那时李谅祚虽然年仅13岁，对表嫂却是一见钟情。

于是乎，李谅祚很快就将这位表嫂变成了自己的情人。

而对于梁氏来说，这自然也是一个转变身份的机会，皇上相中自己，一来二去，他们二人的关系也就发展到了浓情蜜意难舍难分的程度。

但世上永远没有不透风的墙。

没过多久，此事就被没藏讹庞知晓了，因此他与儿子就想借机谋反，手握大权。

但就在父子二人密谋造反大计之时，梁氏却意外地知晓了他俩的计划。

她连忙进宫将这事告诉了李谅祚。

李谅祚感到自己出手的机会来了，于是派出自己最得力的大将漫咩点齐兵马，以谋反的罪名将没藏讹庞一家抄斩，并将自己的皇后，也就是没藏讹庞的女儿处死。一系列操作干净利索，从此彻底结束了没藏氏家族专权的局面。

在这场皇族与外戚的斗争中，年仅14岁的李谅祚毫不手软地清除了母党没藏氏家族，开启了亲政之路。

而梁氏也就此华丽转身，名正言顺地成了李谅祚的枕边人，为他生下了一个儿子李秉常。

西夏奲都五年（1061），李谅祚亲政之后，看到之前因没藏讹庞专权国内社会变得动荡而混乱，便很想改变这种颓废的局面。

他宠爱梁氏，将她的弟弟梁乙埋作为自己的家臣委以重任。

此外，他十分欣赏中原文明，对从北宋来投靠的有识之士给予丰厚的待遇并委以重任，还接二连三推出了一系列国策来改变困局，短短几年便使得西夏旧貌换新颜。

这年的五月份，他解决了夏、宋双方多年来存在的屈野河地界争端问题。到了十月份，他上书宋仁宗说："羡慕中原地区的衣冠，明年应当身穿中原衣冠迎接宋朝使者。"这一提议得到了宋仁宗的允许。

与此同时，李谅祚下令在西夏境内停止使用蕃礼，紧接着在第二年，他又下诏规定全境大小官吏全部以北宋礼仪来接待宋使。

这种做法恰恰与他父亲李元昊背道而驰。

当年李元昊为了凸显党项人的独立性，制定了一系列适用于西夏的礼仪制度。

墓史密码之神秘的西夏皇陵

但到了李谅祚时期，西夏境内的汉人数量已逐渐超过了党项人，而且在长期的相处过程中，党项人受中原文化的影响也很深，如果一味地恪守番礼，将会给西夏未来的稳定发展带来不利。而改革礼仪制度，使用北宋礼制，能得到更多汉人的支持，也能更好地促进民族间的包容与交流，也有利于党项贵族更进一步的封建化。

除此之外，李谅祚还在文化改革上做出了很大努力。

西夏奲都六年（1062），他向北宋上表，求取宋太宗御制诗章的隶书石刻的印本，并且向宋朝进贡马50匹，并索求宋太宗的个人诗集以及《九经》《唐史》《册府元龟》等书籍，并表示自己很喜欢北宋的服饰，请求北宋赐予工匠和裁缝到西夏给自己制作北宋服饰。宋仁宗下诏允许赐给李谅祚《九经》等书籍，归还他所献的马匹，这在客观上对党项人自身的文化发展起到了良好的作用。

为了完善西夏官制，李谅祚还增设汉族各部尚书、侍郎、南北宣徽使及中书学士等官，蕃族官员中增设了昂聂、昂星、谟个、阿泥、芭良、鼎利、春约、映吴、祝能、广乐、丁努等官，大幅度改善了李元昊时期制定的十二监军司制度，规避了旧制度军政合一的不合理性，使得地方大小文武官员可以互相牵制，从而加强了中央集权的统治，同时也加强了对辽、宋两国边境的军事防务。

可以说，李谅祚当时采取的这些改革措施是顺应社会发展的，在党项人的历史发展中也起到了很重要的作用。

第三章 锐意图治

在李谅祚执政期间，西夏在政治与经济上虽然得到了发展，但仍然需要在辽、宋、吐蕃三方势力之间来回周旋。

他基本上采取自李继迁时期实行的政策，联辽、睦宋，拉拢吐蕃及其他游牧部族。

西夏与吐蕃的关系时紧时松，是长期以来最难解决的问题。

李谅祚主要采取拉拢的战略，招诱其他游牧部落首领。

西夏拱化元年（1063），李谅祚上书北宋，请求恢复宋、夏边境的榷场，但北宋方面没有答应。

恰逢这时是宋英宗继位，李谅祚便派吴宗等人来恭贺宋英宗即位。

谁知这却成了热脸贴冷屁股的行为。北宋方面对西夏使臣的态度极不友善，吴宗等人心里憋屈，于是便说了一些不合时宜的言语惹怒了宋英宗，宋英宗下诏命李谅祚惩罚吴宗等人。

但令宋英宗想不到的是，李谅祚是个绵里藏针的人。

就在这一年的秋天，西夏突然出兵进攻宋边境的秦凤、泾原两地，烧杀抢掠，将这两地洗劫一空，杀掠人畜以万计。

宋英宗得知此消息后，派王无忌去西夏责问李谅祚，却不料李谅祚插科打诨和稀泥，根本没重视问题。

西夏拱化二年（1064），李谅祚又派遣吴宗赴宋贺正月。

原本以为吃一堑长一智的吴宗会吸取教训，可没想到这次他又与北宋一方的官员发生了争执。

107

墓史密码之神秘的西夏皇陵

北宋一方的官员放出狠话，说道："用一百万兵逐入贺兰巢穴。"

吴宗回到西夏将此话原封不动地说给李谅祚听，李谅祚认定宋朝侮辱西夏，决定以武力来彰显国威以及维护党项人的自尊。

于是，这年七月，李谅祚率兵数万攻掠宋朝秦凤、泾原诸州，诱骗原先投靠北宋的80多户党项人纷纷弃宋归夏。

此后的两三年间，西夏对北宋边境的进攻从来没断过，但这些进攻的目的是告诫北宋要尊重西夏。

双方虽剑拔弩张，但在此期间西夏派赴宋朝的使节依旧不绝。

李谅祚力图在三国关系间为西夏找到一个平衡点——既不与宋朝闹翻，以免宋朝彻底断绝岁赐和贸易，让辽国有机可乘，又必须向宋朝显示西夏的实力和尊严。

西夏拱化四年（1066），李谅祚亲自领兵攻庆州及大顺（今甘肃省庆阳市西北一带），分兵围攻柔远砦，火烧屈乞村，将段木岭用栅栏围住，但围城三日攻不破，而李谅祚本人也在混战之中受了箭伤，不得已只能退兵医治。

次年，因穷兵黩武，西夏国内已无财力支撑部队再战，于是李谅祚便改变策略开始与北宋和谈，派人去向北宋朝廷请罪讲和，保证日后可守本分谨守边疆，永不侵宋。

恰逢此时正是北宋神宗执政，也无意动兵，于是答应讲和，赐给李谅祚绢500匹、银500两。

第三章　锐意图治

西夏拱化五年（1067），李谅祚诱杀北宋保安军将领，又企图征服河湟吐蕃，乘唃厮罗与辽失和，率兵直攻青唐城（今青海省西宁市），先后收降了吐蕃首领禹臧花麻及木征等，巩固了西夏的南部疆域。

正当他周旋于宋、辽、吐蕃部族之间，长袖善舞施展政治才能时，却于年底十二月份突然离世，时年21岁，后葬于安陵，其与梁氏之子李秉常继承皇位。

李谅祚亲政7年有余，尽管前期受到外戚干政的影响，却并没有像其他皇帝一般做个傀儡，而是能够把控西夏整体的发展走向。然而许多人认为，李谅祚短暂的人生有些憋屈。

他在位期间采取的一系列军政措施，有效巩固了党项人在西北的政权统治，对西夏从农奴制转变为封建制产生了巨大影响，对于母党专政的局面却没有改变。

由于李谅祚英年早逝，儿子李秉常年纪又太小，所以梁氏便代行理政，开始掌控西夏政治大权，而梁氏的弟弟梁乙埋则被册封为国相。姐弟俩携手，将西夏的政权牢牢把控在手中。

从此，西夏成了梁氏的囊中物。

梁氏虽是汉家女子出身，但从小在西夏党项贵族圈长大的她在自我认知方面，一直以党项人自居。

不仅如此，为了抹去西夏境内的中原痕迹，梁氏在垂帘听政期间更是废除汉礼，恢复西夏蕃礼，这种做法也是为了能得到更多党项皇族的

墓史密码之神秘的西夏皇陵

支持，巩固她的权力。

在梁氏的不懈努力之下，朝中的党项贵族也纷纷打消了心中的疑虑。

自此之后，梁氏便成功掌握西夏朝政大权近20年。

通过她的努力，西夏境内各方面的发展水平亦实现更进一步的提升。

所以，李谅祚并不是西夏历史上唯一的少年天子。

在他去世之后，他的儿子李秉常依旧延续着他的坎坷命运。

在中国古代历史中，被母党全面控制的皇帝不少，例如：清朝的同治皇帝与光绪皇帝就是被慈禧太后全面碾轧。

而在近千年前的西夏历史中，第三任君王李秉常也是如此。

目前，西夏皇陵4号陵安陵有东、西2座阙台，相距70米，由黄沙土夯筑而成，基底呈方形，边长9米，残高8米有余。

夯土台个别部位发生坍塌，阙台上下都有所收缩，顶部有台基，周围散落着砖、瓦等建筑材料。

在西阙台之后约45米略偏西、月城之南50米略偏西的位置有该陵园内唯一一处碑亭遗址，堆积高约1米，迎积周边长68米，中部为方形台基，边长10米，台基平面夯土中有大青石板、台签，周围散落大量砖瓦、碑石残块。

该阙台东侧相应位置已经变成广场，无法确认是否曾经存在碑亭。

碑亭北侧为月城，曾长期被当地牧民占用，破坏严重。

现存墙基宽约2米，呈东西长方形，东西长90米，南北宽40米，南墙正中留门，门址两侧各残存加宽的断墙，长约15米，宽约3米，高约2.5米，黄沙土夯筑。

月城内的石像生基址已看不清楚，在20世纪90年代初，此处地面布满羊粪，旁边不远处围有羊圈，神道正上方还盖有放羊人居住的房子，后由当地政府出面，借旅游开发之机全部整顿拆除。

（二）尊汉君王李秉常

李秉常（1061—1086）是西夏第三位皇帝，西夏毅宗李谅祚之子，母亲梁太后为汉族。拱化五年十二月（1068年1月），毅宗突然病死，李秉常继位，年7岁，由其母梁太后执政，梁乙埋为国相。西夏大安元年（1075），15岁的李秉常开始亲政。西夏天安礼定二年（1086）七月，时年26岁的李秉常去世，庙号惠宗，谥号康靖皇帝，葬献陵。

目前西夏皇陵中的5号陵，据专家考证为献陵。

献陵位于3号陵泰陵以北约2.3千米，地处贺兰山脚下，占地面积约为10万平方米，陵呈方形，边长约183米，有碑亭3座，东边南、北两座，南小北大。

整个陵园布局和建筑构成与6号陵相似，由阙台、碑亭、月城、内城、献殿、陵台、角台、开口式外神墙等部分组成。

李秉常是父母偷情的产物，年轻的父母凭着心狠手辣夺回权力，这使得李秉常的出生以及成为西夏的贵族皇子，在某种程度上没那么名正言顺。

墓史密码之神秘的西夏皇陵

西夏拱化五年十二月（1068年1月），李谅祚去世，李秉常继位，时年7岁，由皇太后梁氏摄政，梁氏之弟梁乙埋擢为国相。

说起梁皇后，这是一个传奇的女人。

她是中国历史上第一个协助情夫做掉自己丈夫一家，并且以此为跳板，晋级为皇后的女人。

她表面温柔似水，内心却十分刚硬。

她向往权力，野心勃勃，并且善于把握机会。从没藏家族的儿媳妇到西夏帝国的皇后，梁氏凭借自己精准的眼光和运气一步步接近西夏权力中心。

此时正是主少国疑，梁氏姐弟便堂而皇之地操纵起这个乳臭未干的小傀儡皇帝。

梁太后把朝政大权全部委之于梁乙埋，于是整个西夏政坛局势又仿佛回到了没藏氏的黑暗时代，甚至比之前更加严重。

梁乙埋顺理成章在朝中安排了一大批自己的亲信担任要职。

他与其亲信、掌握兵权的都罗马尾及梁太后的侍卫罔萌讹等3人，组成新的母党集团，牢牢控制最高统治权，排除异己，比起当年的没藏讹庞有过之而无不及。

李元昊之弟嵬名浪遇在李谅祚时期曾主持朝政，担任都统军，精通兵法，熟谙边事。

但等到李谅祚一死，梁氏姐弟上台，嵬名浪遇便被梁乙埋罢官流放

第三章　锐意图治

他乡。

在自西夏乾道元年（1068）开始往后的数年中，梁太后和梁乙埋姐弟擅权，为了得到朝中党项贵族，尤其是手握大权的守旧派们的支持，连年向北宋发动战争，企图利用强硬的手腕来树立自己一派的威信，并以此向北宋索取厚赐。

与此同时，北宋的神宗对之前仁宗、英宗在位时期，西夏一面俯首称臣，一面又不断劫掠北宋边境的行为十分反感，因此当西夏年仅7岁的小皇帝李秉常登基时，他并没有按照惯例立刻册封李秉常为"夏国王"，而是派人去西夏问责。

宋神宗知道，若想全面解决西北党项人的问题必须动用武力，而强大的武力需要国家大量的财政支持才行。

而此时北宋虽然比西夏富裕，但若想彻底消灭西北党项边患还是不太现实的，因此神宗皇帝改变思路，开始采纳司马光等大臣的意见，最终确定了"先强兵后灭夏"的路线。

同年十月份，北方辽国率先册封李秉常为西夏新一任的"夏国王"。

这使得已经成功晋级为太后的梁氏非常高兴，立刻派出使臣去辽国答谢辽主，而北宋一方一点儿要册封李秉常的意思都没有。

对于这样的举动，明眼人当然能明白其中的含义，但西夏目前还不能与北宋朝廷翻脸。

于是，在西夏天赐礼盛国庆元年（1069）正月，梁太后代表儿子李

墓史密码之神秘的西夏皇陵

秉常，派遣使臣去北宋请求神宗赏封李秉常。

等到这一年的二月份，神宗皇帝才很不情愿地册封李秉常为新一任夏国王。

但得到北宋册封消息的梁太后没有像之前感谢辽国国君那般派人去北宋三拜九叩，感谢圣恩，这让神宗皇帝心里感到很不爽，暗暗记下了一笔。

到了七月份，梁太后又借儿子夏惠宗李秉常的名义，向北宋上表，请求北宋准许西夏在境内恢复蕃仪，但没想到这一要求居然得到当时北宋朝廷的允许。

此时在北宋看来，西北地区被党项人控制多年，早已是蛮夷之地，想控制也是有心无力，分身乏术，因此只要不越境到自己这边来闹事，爱用什么礼仪随他们去。

但北宋不知道，梁太后此举只不过是在试探北宋的态度而已。

作为中国历史上又一位"政治职业女性"，她心里想要的绝不仅于此。

她延续李谅祚在位时期的做法，穷兵黩武，不断出兵搅扰宋境，而且每年不止一次。

西夏天赐礼盛国庆元年（1069），梁太后加大征兵力度，西夏境内凡70岁以下、15岁以上的男子全部为兵。

当年八月，她亲自点集30万兵马，倾巢出动，攻打宋朝沿边五路，大举进攻宋朝大顺城。

当时，西夏全军每人仅带着百日的干粮就雄赳赳气昂昂地出发了，似是对于此次战役早已十拿九稳，胜券在握。

西夏这一次发兵采用了游击的打法，先进攻宋朝大顺城，后军屯榆林，距宋庆州（今甘肃省庆阳市）40余里，造成了宋朝"陕右大震"的局面。

此时的北宋正处于"变法"积蓄力量的阶段，因此部队严防死守，战死者数量过万。

但就在双方战事胶着之时，与北宋交好的吐蕃首领董毡乘机率兵攻入西夏西境，迫使梁乙埋匆忙下达了撤军命令。

次年，宋、夏又因争夺罗兀城而开战，西夏最后虽然赢得了胜利，但也完全是依靠着辽国出兵困住了宋兵。

但不久后，西夏一方又主动提出与北宋议和。

此时西夏境内，早已是财政拮据，兵力疲困，政治也不稳定，迫于压力，不得不与北宋和谈。

西夏大安元年（1075）正月，李秉常已开始亲理朝政，但实权仍操纵在太后与梁乙埋手中。

也许是得到了父亲李谅祚的遗传，李秉常也十分欣赏汉人文化。

在与北宋作战时，西夏俘虏了不少汉人文士，李秉常向他们请教和学习北宋礼仪制度，准备在夏"复行汉礼"，废除"蕃仪"。

墓史密码之神秘的西夏皇陵

西夏大安六年（1080）正月，在皇族中人的支持下，20岁的李秉常重新废除蕃礼，恢复汉礼，他的老母亲对他的行为冷眼旁观，不置可否。

一切仿佛进行得都很顺利，但年轻的李秉常并不是不谙世事的傻孩子，他心里很清楚，要真正做到乾纲独断，必须削弱母党梁氏。

对于权力的把控是每个帝王的天性，李秉常自然也不例外。

因此，互不相让的母党和帝党终究要有一个了断。

但被母党打压多年的皇族内部如今没有一个雄起的人物，因而整个帝党在母党面前显得很孱弱无力。

在这样要兵没兵、要权没权的情况之下，李秉常最终只能接受大臣李清的建议，把黄河南地割给北宋，以此来与北宋和谈，借助北宋的关系来与母党抗衡。

这本是一件绝密的事，但不幸的是，最终还是被梁太后知道了。

于是，梁太后对自己的亲生儿子出手了。

她首先迅速将大臣李清捕杀，之后将儿子李秉常囚禁在距离皇宫5里之外的木砦，切断李秉常与外界的所有联系。

800年后的清王朝，也同样上演过这一幕，皇党与母党的明争暗斗，最后以光绪皇帝本人被囚禁而落幕。

只可怜年少的李秉常，在还没有完全锻炼出自己的政治能力之前便先失去了自由与权力，从一位高高在上的帝王沦落为囚犯。

这场发生在西夏庙堂的权力斗争被称作"大安之变"。

皇党与母党根本不是一个等级的对手。

梁太后收拾皇帝，是碾轧性的。梁氏的嗜权超出人们的想象，她是西夏三位临朝太后中最心狠手辣也是最无情无义的一个。

但由于常年与北宋发生战争，北宋应该每年给西夏的岁赐和两国的和市都已断绝，这使得西夏境内财政困乏，物价暴涨，官民怨恨，民不聊生。

而由此所引发的朝中大臣对梁氏母党专权的不满情绪日趋激烈，要求李秉常复位的呼声也越发强烈。

西夏大安九年（1083）闰六月，母党在众议纷纷中，终于让李秉常复了位，以缓和矛盾。

但复位后的李秉常依旧没有实权，朝政大权仍然紧握在梁太后与梁乙埋手中。

梁太后以儿子的名义遣使到宋朝上表请称臣纳贡，其目的是希望得到北宋的岁赐。

但另一方面，梁太后继续对宋朝边境进行骚扰、攻掠，目的是想索要回西夏旧有的疆土。

西夏大安十一年（1085）二月，国相梁乙埋去世，随后在梁太后的操纵下，梁乙埋之子梁乙逋成为新一任国相。梁氏姑侄继续把持朝政，李秉常仍然摆脱不掉梁太后的控制。

墓史密码之神秘的西夏皇陵

但是令谁也没有想到的是，到了这一年的十月份，专横一世的梁太后也终于走到了生命的尽头，寿终正寝了。

失去靠山的梁乙逋，感觉到自己的地位即将不保。

这时，分掌左右厢兵的统帅、皇族仁多保忠公开与梁乙逋抗衡，夏统治集团内部帝党与母党的斗争更加尖锐激烈起来，甚至有人向北宋借兵平乱。

这么一来，北宋神宗觉得机会来了，以兴师问罪、主持公道为借口，命宦官李宪为帅，分五路兵马伐夏，企图能够一举荡平西夏，永绝后患。

宋军的到来让本就"一锅粥"的西夏乱局更加混乱。

而面对眼前混乱不堪的局面，已经完全丧失斗志的李秉常更加自感无所作为，终日愁苦自责，难以自拔。

西夏天安礼定二年（1086）七月十日，李秉常满怀忧愤离开了人世，终年26岁，谥康靖皇帝，庙号惠宗。

李秉常是一个十分喜好汉族儒家文化的君主，他多次向汉人文士请教和学习北宋的礼仪制度，一心想废除"蕃仪"，复行"汉礼"，但最终遭到母党势力的强烈反对而没有能够实行。

宋神宗曾评价他："夏主秉常为其母所囚，可急因本路官捣其巢穴。""夏国主受宋封爵，昨边臣言，秉常见为母党囚辱，比令移问事端，其同恶不报。继又引兵数万侵犯我边界，义当有征。"

一代帝王的陨落，常常令人唏嘘，李秉常26岁便英年早逝，留下的除了一声声叹息，就是在戈壁滩上的5号陵献陵。当人们挖开西夏皇陵5号陵献陵西碑亭时，出土西夏文残片63块，东碑亭出土汉字残片26块。年轻的帝王死后带着自己喜爱的汉学文化一起埋葬在了这萧瑟的戈壁滩之上。大量汉字残片的出土标志着这位年轻帝王对汉学文化的喜爱。

　　陵园最南端有2座阙台，东西相对，间距65米，由黄沙土夯筑而成。

　　基底呈方形，边长6米，残高5米多，夯土层中央有数层石块，椽洞共有3层，间距1米，孔径10厘米至15厘米不等，有的洞孔由两个椽洞组成；以1米的高度为分界，夯土台上、下皆向内收缩，周围皆散布有砖块、板瓦、筒瓦、灰槽瓦、琉璃构件等建筑材料。

　　双阙台北侧有3座碑亭，其中西边1座，东边2座，南小北大。

　　两座较大的碑亭各距阙台50米，二者相距55米，已经全部清理完毕。

　　碑亭台基呈方形，边沿竖直，台基边长14.5米，高1.5米，黄土夯筑，其中夹有石块，夯层7厘米至10厘米不等。台基皆在内侧有一踏步，斜长3.5米，宽2.5米，分作9级台阶，台基之上以方砖砌出方形，边线已不清，共残存边长为36厘米的方砖5块。

　　西碑亭中心有约2米见方的范围内没有砖，可能原来放有石像座。从旁边清理后的堆积物中发现有陶质板瓦、筒瓦、兽面瓦当、花卉滴水，琉璃筒瓦、脊饰及灰槽瓦、碎残块、人像石座残块等。

墓史密码之神秘的西夏皇陵

　　东碑亭之前约10米有1座小碑亭，未经清理，方形，台基边长约8米，周围堆积物基本上类似已经清理的2座碑亭。

　　在碑亭以北约28米处有一月台遗址，整体形状为东西长方形，长130米，宽50米。

　　墙基宽约2米，月城正中开门，门址两侧各有1个方形土台，已坍塌，范围不清，可能是门阙，在夯层中夹杂着大量石块。

　　沿月城墙基散见板瓦、筒瓦、砖、灰槽瓦、滴水等残块，在月城东南部墙基内侧发现有成片的红色堆积层，可能是原墙面涂抹的红色墙皮。

　　靠南墙内侧约有20米长一段，沿墙基底有竖直嵌入的板瓦，可能是原来作排水用的。月城神道两侧各有3列石像生基址，残存大量红砂岩石像生残块，大多风化成为小碎块，基宽约4米，间距16米。

　　月城北侧为内城，四面环绕的补墙多已坍塌，从遗址上看近似方形，南北长190米，东西宽180米。神墙正中各有神门，南神门址高出地面半米多，宽12米，门址两侧神墙比其他地方的更宽，周围散落着大量建筑材料，其他各门址周围亦散见砖瓦等建筑用材。

　　各转角处略显高大，可能原来建有角楼。

　　南神门内中轴线40米偏西约8米处有一献殿遗址，已清理，台基为东西长方形，长20.2米，宽15.2米，高0.7米，台基边缘向上略有收分，上部为黄沙土夯筑，下部为黄沙土层与砂石层相间夯筑，南部有踏道，斜长3.5米，宽3米，台基踏道两侧，各有一列基址。地面有石像生残块，基址南北向，南北长 10 米，东西宽 2.8 米，两纵侧砌有长方形砖。

献殿清理出的堆积物主要有长方砖、方形砖和板瓦、筒瓦、灰槽瓦及瓦当、滴水等遗物残块，其中筒瓦最多。距献殿约 5 米处为墓道封土，呈东南—西北走向，但方向摆动不大；宽 6 至 10 米，西北端高大。整个墓道封土高度介于 0.5 至 2 米，形似鱼脊，主要为砂石土。

北端靠近陵台有一半圆形盗坑，直径约 6 米，深约 5 米，破坏了陵台南部底边。

内城西北处有一陵台，四面坍塌严重，残高约为 10 米，黄土夯筑，各层夯土之间夹有几层石块，橡洞分布不均，夯层的厚度在 8 至 13 厘米不等。西侧清理的堆积中有砖瓦等建筑用材。

从盗坑断面来看，陵台似乎是平地起建的，没有打地基。陵台底部的外表覆盖有红泥皮。内城墙外约 5 米处为外神墙遗址，墙基宽 1.7 米，沿墙基堆砾石，最终连通至内城南墙。

外神墙到达东、西、北三神门处，皆向外凸出一个长方形空间，长 17 米左右，宽 12 米左右，空地内地面平整，没有其他遗迹现象。

外神墙外有 4 座角台遗址，已经全部坍塌，北面两座角台基址相距 340 米，南面两座角台相距 365 米。

东南角台还残存大约 4.5 米的部分，方形夯土台边长 4.5 米，夯土中央有石块，周围散落部分建筑材料，其余三座角台残存均不超过 1.5 米。

墓史密码之神秘的西夏皇陵

（三）乱世图存李乾顺

在李秉常死后，登基坐殿的是他的长子李乾顺。

李乾顺，又名嵬名乾顺（1083—1139，1086—1139在位），母亲昭简文穆皇后梁氏和祖母毅宗皇后梁氏都为汉族，其在位前后共54年，享年56岁。庙号崇宗，谥号圣文皇帝，葬于显陵。

目前，显陵位于西夏皇陵陵区内献陵以西650米左右处，据专家调查考证后称该陵为6号陵。陵园紧靠贺兰山，西、北两面环山，独特之处为有马蹄形外城，南面开口，东、西两墙前段至月城终止，陵园中的阙台、碑亭、月城、陵台、墓道等布局基本与其他陵园一致。

李乾顺是西夏历史上的第四位皇帝，也是西夏历史上在位掌权时间比较长的一位君主。

如果说从李谅祚到李秉常是西夏历史上命运波折的阶段，那么到了李乾顺时期，这种仿佛被诅咒的命运则暂时停止了。

西夏大安九年（1083），李乾顺出生，三年之后他的父亲李秉常去世，于是作为先帝的长子，皇位毫无悬念地落在了他的身上。

从李谅祚开始算起，这已经是西夏的第三位"儿皇帝"了，但不同的是，李乾顺比他的祖父及父亲的命运都要好得太多。

既然是以"儿皇帝"的身份出场的，那就永远少不了一个配套的现象——"母党干政"。

子幼母壮是"儿皇帝"们永远避不开的一道关卡，3岁还没断奶的娃

第三章 锐意图治

娃是无法阻止母亲及外戚们对朝政的掌控的。

在封建时代,辅政的权力通常就如同毒品一般,不碰则已,一碰就很难舍弃了。

李乾顺的生母与梁乙逋是兄妹关系,因此母党梁氏到了这时,显然已是一棵肉眼可见的参天大树,"一家两后两相",很难扳倒了。

凭借着这股强大的家族势力,小梁太后拼命扩大自己的亲信队伍,把朝政大权当成了自家的宝库,抓得十分紧,不许任何一个外人"擅自闯入"。而对于自己丈夫李秉常生前的亲信,她更是毫不留情地一味打压,搞得整个西夏乌烟瘴气,阶级矛盾频发。

面对这样的局面,小梁太后则用与北宋开战的形式转移西夏境内的矛盾,将所有罪责甩锅给了北宋一方。

在从西夏大安十一年(1085)至永安二年(1099)十多年的时间里,西夏一直穷兵黩武,对北宋前后发起50多次侵扰,但大多是输多赢少。

就连一向袖手旁观的辽道宗都觉得自己若再出钱、出人,任凭小梁太后这么无法无天地闹下去,自己统治的大辽帝国也会有被她拖垮的那一天。

没有永远的朋友,只有永远的利益。

就这样,忍无可忍的辽道宗派人到西夏二话不说,也不听解释,直接干净利索地将小梁太后处死,之后下令让刚满16岁的李乾顺亲政。

16岁对于古人来说已经不小了,是能独当一面的好年纪。

墓史密码之神秘的西夏皇陵

而能够亲政对于16岁的李乾顺来说，当然是一件梦寐以求的大好事。

从此，北方辽国的道宗帝便成了他感激不尽的大恩人。

西夏永安二年（1099）二月，为了还辽道宗这份大人情，在辽国发生拔思母部内乱之时，李乾顺还派兵前去支援，帮助辽国平定叛乱。

而与此同时，西夏与老对手北宋的关系也得到了缓和。

李乾顺与父亲一样，本身对北宋就很有好感，在他亲政之后，宋、夏双方无休止也毫无理由的战争终于结束了。

毕竟大力发展西夏境内的经济才是他当下的主要目标。

他主动放下姿态，派人到北宋去请和，希望与北宋化干戈为玉帛，修复双方破损多年的友好关系。

此时，北宋一方的统治者换成了宋哲宗。

宋哲宗听完了西夏使臣的请求，连忙将脑袋瓜摇得跟拨浪鼓似的，怎么也不肯同意与西夏修复关系。

西夏长久以来当面一套背后一套地出尔反尔，早已使他失去了耐心，毕竟，已经破坏了的感情不是你想买我就能卖的。

但是就在这时，强大的辽国亲自出面为西夏说情了。

宋哲宗可以不把乳臭未干的李乾顺当回事，却不敢不将比自己强大的辽国放在眼里。

于是，宋哲宗开出了条件，只要西夏一方将之前小梁太后身边的亲信大臣嵬保没、结讹遇等人处死，并向北宋上谢罪表，宋哲宗就愿意既

第三章 锐意图治

往不咎，与西夏和好，并恢复双方边境的榷场以及每年给西夏的岁赐。

这个条件对于年轻的李乾顺来说简直太容易了，于是他痛痛快快地就依照北宋的要求做了。

在李乾顺看来，自己能完成与北宋关系的修复，都是辽道宗的功劳。

辽国简直就是他的再生父母。

于是，他前脚刚与北宋签订了友好条约，后脚就投入了辽国的怀抱。

西夏永安三年（1100）十一月，李乾顺向辽请婚，想再次用联姻的方式巩固夏辽关系，希望能与辽国肩并肩、手拉手，走向未来美好生活的康庄大道。

但李乾顺这般的示好，辽国却并没有领情，辽道宗终未允许赐婚。

西夏贞观二年（1102）六月至贞观三年（1103）五月，此时的辽道宗已死，天祚帝在位，李乾顺继续坚持不懈地向天祚帝请求赐婚。

天祚帝经不起李乾顺的软磨硬泡，终于答应将宗室女南仙封为成安公主嫁给他。

这使得李乾顺乐开了花，意味着自己终于紧紧抱上了辽国这条又粗又壮的大腿。

但此时属于李乾顺的好运还没有到来，麻烦却突然降临了。

西夏贞观四年（1104），此时北宋那边，宋徽宗已经登上了历史舞台。

徽宗皇帝一上台便起用蔡京为相，而蔡京一向瞧不起党项人，时时刻刻想出兵一口气吞并西夏。

墓史密码之神秘的西夏皇陵

虽然，此时的北宋在经济上已经开始走下坡路了，但是境内人口数量是西夏的好几倍，若真挽起袖子对西夏挥拳头用兵，西夏必定无法承受。

当年五月，北宋终于开始动真格的了。陕西转运使、知延州陶节夫，出兵进攻石堡砦，夺其粮食窖藏，筑城堡以守。

李乾顺对此非常愤慨，进而出动铁骑与宋朝相争。

一开始，双方还是你来我往，打得有来有回，但渐渐西夏就撑不住了，被对方击退。

同年六月，西夏军与北宋将领折可适战于灵州川，结果西夏军又被北宋军击退。

十月，李乾顺感觉实在顶不住了，再这么与北宋打下去，有可能把老祖宗辛苦创下的基业全打没了，于是便火速派人去和北宋谈和，希望能够冰释前嫌，不料却被对方拒绝。

无可奈何的西夏最后只能是集聚四监军司兵力，向宋朝泾原等州发动进攻，包围平夏城，又攻镇戎军。

西夏贞观五年（1105），北宋两年来多次向西夏发起主动进攻，誓要不灭西夏终不还。

被逼无奈的李乾顺多次向自己的宗主国北方辽国求援，希望大辽能出面制止北宋。

但曾经最粗的大腿大辽，如今也已到了"日落西山"的时候，国力逐渐衰弱，而另一个游猎民族女真正在悄然壮大，并且正在以"起义军"的方式与大辽这个中央政府对着干。

李乾顺不是个忘恩负义的人，虽然目前自己家后院正在着火，但他还是竭力地抽出一部分兵力北上助辽天祚帝抵抗女真人。

西夏元德四年（1122）三月，李乾顺好不容易抽出5000余精锐兵马援助西京，但杯水车薪，西京还是失守了，辽天祚帝也逃到了阴山。于是李乾顺一咬牙一跺脚，直接拿出了自己的家底，派出3万铁骑前去救援，与强悍的金兵针尖儿对麦芒地干了一架，结果惨败，家底差点儿全部败光。

即便如此，李乾顺依旧无怨无悔，派人不远千里去慰问天祚帝，并送去急需的粮草。

西夏元德五年（1123）正月，李乾顺再次出兵支援辽国抗金，结果在半道被金军堵截了去路。

五月，天祚帝假装投降金，西遁云内州（今内蒙古自治区土默特左旗），李乾顺赶紧派人去迎驾，请天祚帝入夏境。天祚帝也是为了抓住这最后一根稻草，因此立刻封李乾顺为"夏国皇帝"，且诏命发兵救辽。

就在这时候，金兵那边突然派人来见李乾顺，并告诉李乾顺叫他趁早弃暗投明，依附于金，只要李乾顺答应，金会将辽西北一带的土地割让给西夏。

李乾顺本来是不愿意的，但回头仔细一盘算，辽国现在明显已是日

墓史密码之神秘的西夏皇陵

落西山了，金兵一方却正是冉冉升起的朝阳红日，如果这时候自己看不清形势，一味地与天祚帝混下去，自己这小朝廷很快也保不住了。李乾顺左思右想，最后虽然有点儿不情不愿，别别扭扭，但还是投入了金国的怀抱。

西夏元德八年（1126），这一年是李乾顺时来运转的一年。

三月之前被辽、宋、金三股势力轮番碾轧的他，终于等到了展现自己雄心的机会。

他趁着金兵进攻宋朝的机会，派兵将原来宋朝在夏边境修筑的城堡陆续攻占，不仅一口气将之前因宋、夏两方战争而丢失的土地全部拿了回来，而且还攻占了宋边境的震武城（在今陕西榆林）及宋境的西安州、麟州建宁砦等地，攻克天都寨，围兰州，大肆掳掠后撤军而还。

一时间，北宋的边境地州被西夏瓜分了不少。而令李乾顺没有想到的是，金国的完颜宗弼，也就是我们熟知的"金兀术"，却在这时率领着金国数万大军闪电般地自北而下由东向西攻占夏、金边境的天德、云内等州。

经历了几场胜仗之后，这时候的李乾顺已完全直起了腰板，便大着胆子向金国质问缘由。

金国刚将契丹人的大辽推翻，击垮了北宋，自身消耗的元气也比较大，正是需要拉着西夏做盟友共患难的时刻，不能伤了感情，于是便退让了一步，与西夏主动和谈，划定界线，将今天陕西境内的数千里土地划分给了西夏，以此来作为西夏丢失天德、云内等州的补偿。

如此一来，李乾顺觉得自己也不怎么吃亏，于是就答应了金国划分的疆域，顺利取得了湟水流域之地。

西夏正德二年（1128）九月到次年七月，李乾顺出兵攻占宋定边军（在今陕西吴旗）与德静砦（在今陕西榆林）。

而后的西夏大德二年（1136）七月与西夏大德三年（1137）四月，李乾顺又分别派兵占领了宋境内的西宁州等地。

当时，西安州通判任得敬投降西夏，并将自己刚满17岁的女儿献给李乾顺为妃。

李乾顺对任得敬这种识时务者为俊杰的觉悟非常满意，于是便立刻接受了对方送的这份大礼，还封其为静州防御使。

西夏大德四年（1138）八月，李乾顺对任得敬年轻貌美且又活泼的女儿十分宠爱，于是便命御史大夫芭里祖仁持册将其立为皇后，同时又提拔任得敬为静州都统军。

同年九月份，李乾顺派人带上重金珠宝赶往金国，与金国皇帝商议要回熙、秦河外诸州的土地，金国皇帝准许，将乐州（今青海乐都）、积石州（今青海贵德）、廓州（今青海化隆）等三州割让给夏国。

从此之后，西夏拥有了前所未有的广阔疆域，经济、农业以及军事都发展到了顶峰。

西夏大德五年（1139）七月，李乾顺走完了他57年的人生，驾鹤西

墓史密码之神秘的西夏皇陵

去,谥圣文皇帝,庙号崇宗,葬于显陵。

纵观李乾顺的一生,自亲政之后整顿吏治,确定君主集权的体制,结束了累朝出现的外戚贵族专政的局面;颁布等级制的官阶封号,除皇帝及帝位继承人外,分为七品,使西夏政治制度日臻完备;并且减少赋税,注重农桑,兴修水利。在李乾顺的励精图治下,西夏国势强盛,政治清明,社会经济得到很好的发展。

此外,他个人深爱汉家文化,因此在西夏境内大力传授汉学,培养官员,制定按照资格任官的法令,对文学优长者特加奖擢,还撰《灵芝歌》,歌词刻石置于学校。

在外交方面,他采取的策略也非常巧妙。在辽、宋都相继日益衰落的时候,他先联辽侵宋,夺大片土地,而后又在辽天祚帝向西夏求救时断然拒绝,联合金国灭辽、宋,趁机取河西千余里之地,扩大了西夏的版图,使整个西夏在经济、军事、文化方面都得到了前所未有的长足发展。

目前,在6号陵显陵陵园南端有2座阙台遗址,东西相对,间距为65米,由夯土筑成,基部呈方形,边长9米,高7.1米,顶部有台基,以土坯砌成,残高1.3米,台基上及四周散落着大量砖瓦等建筑材料。

阙台北侧有2座碑亭遗址,这2处遗址东西相对。东碑亭台基近方形,长22米,宽21米,台基四周以条砖砌成5级逐渐收缩的台阶,高2.4米,台面长19米,宽18米,台面上有1个圆形基址,地面铺方砖,西侧有斜坡踏步。在东侧碑亭周围发现大量西夏文、汉文碑残块及砖块,却没有瓦片。

西碑亭台基也近似方形,长16米,宽15米,台基四面外壁用碎石纵向砌成,台面铺方砖,以自然扁平石块为柱础。

堆积中有大量砖、瓦、鸱吻等建筑材料,东西两侧正中均有斜坡踏道,此外还发现了大量西夏文碑残块。碑亭北侧为月城遗址,东西长100米,南北宽45米,正有小门,月城内神道两侧各有两列石像生基址。

月城北侧为内城,呈南北长方形,南北长183米,东西宽134米,神墙基宽3米,分段夯筑,残高5米,南神门正中有门道,宽17米,门道内外均有3条斜坡式踏道,每条宽约3米,用砖镶砌,门址内外散落着大量砖瓦、鸱吻等建筑用材。

另外三面神墙正中也有门道,但门道内侧用土坯砌成高4米多的一堵墙,看起来无法通行。在南神门内偏西位置有一处献殿遗址,台基为东西长方形,高约90厘米,地面以方形花纹砖砌之,残缺不全,底端可见柱础。

内城西北处有一座陵台,用黄沙土夯筑,八角形,底面边长12米,高约20米,分成7级,从下至上逐级收缩,原建筑底部外有包砖,其中几层涂有红泥。

陵台每层出槽,形状看起来像是浮屠。陵台在墓室后部约10米处。

墓史密码之神秘的西夏皇陵

该陵园的墓道呈30度斜坡，水平长度49米，墓道东、西两壁各有上下两列与墓道相平行的椽洞，相距2米，甬道的基道表面做有草拌泥，不甚光整，但多已剥蚀，并没有绘制壁画。

甬道门前发现有散乱的圆木和朽木板，可能是用于封闭甬道口的。

南道两壁绘有武士修番一幅，但大部分已遭破坏。武士像脸面朝甬道口，南道门以北直到墓室全部被盗坑破坏。

墓室地面距地表将近25米，墓室分主室和左右配室。中室前宽6.8米，后宽7.8米，南北长5.6米，墓壁和顶部已经被破坏，左右配室宽约2米，长约5米，过道为窿夸顶，墓室下壁有护地板痕迹，空间较小。

中室内充满淤泥及回填盗坑时的大石块和陵园地面的建筑石雕，室内没有发现葬具。该陵园的外神墙距离内神墙约15米，宽约2米，其南端通到碑亭，以石块垒成。

此外，陵园有4座角台，是兆域的标界，基部呈方形，边长6米，高7米，周围散落着建筑材料。

（四）强劲推手李仁孝

李乾顺死后，其子李仁孝即位。

如果说李乾顺是西夏历史上执政时间较长的一位帝王，那么李仁孝则比自己的父亲更胜一等，不仅执政时间长，而且也是西夏历史上寿命最长的一位帝王。

李仁孝（1124—1193），西夏第五位皇帝，16岁登基，改元大庆，其母曹贤妃。西夏乾祐二十四年（1193），李仁孝驾崩，享年70岁，谥号圣德皇帝，庙号仁宗，葬于寿陵。

7号陵据考古调查为寿陵，该陵位于西夏皇陵区内献陵以北3000米左右处，陵园面积为8万平方米；该园建筑已遭到严重破坏，目前仅剩下阙台、碑亭、月城、陵城部分神墙、陵台。

西夏元德六年（1124）九月，李仁孝降生。

按干支纪年法，这一年是甲辰龙年。

这看似普普通通的一年，在世界历史中却有两个重量级的人物去世，头一个是西方苏格兰的亚历山大一世。

这个臭名远播的暴君曾经对苏格兰北部地区展开过残酷的杀掠，这直接导致他失去了民心，他死的时候百姓纷纷拍手称赞。

第二个是当时金国的完颜宗峻（后被金熙宗追谥为景宣皇帝，庙号徽宗）。

完颜宗峻在攻打中京和保卫西京这两场战役中受了两次箭伤，于是便很快不治身亡。

俗话说"你方唱罢我登场"，既然有人离去，那一定也有人降生。

同样是这一年，在西北一带的西夏迎来了一位举世震惊的人物，这个人就是西夏王朝的第五任皇帝李仁孝。

据史料记载，李仁孝出生的那天夜里，天地之间出现了异象，整个屋子红光密布，忽明忽暗，屋外又刮风又下雨，用简单的四个字来形容

墓史密码之神秘的西夏皇陵

就是"异光满室"。

当时，李乾顺的妃子辽成安公主耶律南仙见到此子后非常喜爱，于是请求李乾顺为此子命名为"仁孝"，还经常令保姆将其抱至自己的宫中。

李仁孝出生不久，北方的辽国就灭亡了。

耶律南仙所生的儿子李仁爱因苦劝自己的父亲李乾顺不要投靠金国不成，忧愤而死，随后耶律南仙也绝食而死。

这么一来，不满一周岁的李仁孝就成了西夏唯一有继承权，也是最年轻的皇子。

父亲李乾顺酷爱儒家学术，生母曹氏也是汉人，李仁孝在这样的环境中成长，自然而然地深受汉家文化熏陶。

西夏大德五年（1139）七月，左右逢源、在天下局势不断剧变的同时保全西夏健康稳步发展的李乾顺驾崩。

于是，年仅16岁的李仁孝继位为帝，为西夏仁宗帝，尊生母曹氏和庶母任氏并立为太后，次年改元大庆，二月，立党项大族之女罔氏为皇后。

对于这位罔皇后，《西夏书事》一书中是这样介绍的："罔氏，西夏大族。后聪慧知书，爱行汉礼。仁孝先纳之，见其贤，立为后，颇爱敬焉。"

罔皇后出身于党项大族，从小受到极好的教育，知书达理，聪慧贤良,可以说是李仁孝身旁的"贤内助",一生帮助李仁孝推行儒学,功不可没。

史书中记载了罔皇后的这样一段故事:

李仁孝曾经在贺兰山一带纵马游猎,贺兰山峰峦起伏,山势雄伟又错综复杂,李仁孝骑马奔驰在高山流水之间。

就在他最快意之时,尖利的石块划伤了马足。

这让李仁孝大怒,想要把负责修缮道路的人杀掉。

正在这时,在他身侧的尚食官阿华劝谏道:"君王只因为一匹马的意外受伤就要杀人,等于告知天下,在您眼里牲畜比人更加贵重,这样的君王日后如何能让百姓甘愿臣服?"

李仁孝听罢觉得对方说得有道理,于是就放弃了杀人的念头。

在宫里的罔皇后很快听到了这个消息,待李仁孝回来之后,她便不住地称赞李仁孝仁慈,贤臣仁义。

李仁孝听罢,更觉得舒坦,于是重赏了尚食官阿华,并且广而告之。

从此之后,李仁孝鼓励身边大臣对自己勇敢直言劝谏,久而久之,西夏明君贤后相得益彰的名声便传开了。

罔皇后40多岁时得了重病,怎么也治不好,在弥留之际,她还不忘对李仁孝道:"要以优礼大臣、勤治国事。"

在《西夏书事》一书中是这样记载的:"罔氏赞成诸善政,为西夏贤

墓史密码之神秘的西夏皇陵

后，后卒，而夏之善政不复见矣。惜哉！"

西夏自李继迁图强，李元昊立国，百余年来与辽、宋两国之间战争不断，一直到白山黑水间的女真人兴起灭了辽国，建立了金国之后，西夏又转而臣服于金，与南宋的边境不再接壤，才渐渐有了安稳发展经济的空间。

而与之前西夏刚出生不久就登基的君王相比，16岁登基的李仁孝可以说是恰如其分，正是朝气蓬勃、骄阳似火的年纪。

这个年纪，在古代已经不是小孩子了，该懂的也都懂了，因此作为皇帝的母亲，太后再拉个帘子坐在龙椅后面垂帘听政、把持朝政自然很不现实，所以朝堂之上也难再出现那种外戚母党或是某个权臣只手遮天的局面。

因此，李仁孝的登基可以说是上天给他的一个完美开局。

在这种情况下，任何人想将君王当作傀儡或是提线木偶都得掂量掂量自己有多大把握。

而李仁孝自然也不会甘心做砧板上的鱼肉。

但这世上没有永远一帆风顺的事，有时看似一切风平浪静，却隐藏着无数看不见也摸不着的危险。

李仁孝刚登基不久，就有人造反了。

这个胆大包天的人物名叫萧合达，时任夏州都统，是个手握重兵的外地武将。

第三章　锐意图治

按理说，自西夏新君李仁孝登基之后，治国一向用的都是"软实力"，手段温和，对待臣子那是相当不错的，给的各种工资待遇也是叫人没话说，因此萧合达的突然反叛实在令人想不明白。

但令谁也想不到的是，促使这名契丹猛将叛乱的只有一个人和一个原因，那就是李仁孝的父亲李乾顺。

萧合达原为辽皇室姻戚，是李乾顺的妃子辽成安公主的护卫，后随辽成安公主远嫁西夏，因勇武善骑射，被李乾顺封为夏州（今陕西横山西）统军，后因从征多有战功，赐国姓，提升为夏州都统。西夏大庆元年（1140），萧合达因不满仁宗李仁孝背叛辽天祚帝臣服于金国，遂据夏州叛变。

他企图联络阴山和河东的契丹部族，图谋拥立辽国的皇室后裔，恢复辽国。

同年六七月份，萧合达叛军进围西平府，攻克盐州（今宁夏回族自治区盐池），直逼贺兰山，兴州大震。

萧合达作为辽国人，虽然在西夏多年，但依旧深深怀念自己家乡的热土。

所以他很快带着士兵们单干，想要重建契丹人的大辽帝国。

此时，李仁孝刚被金国册封为夏国王，就陷入了这样的混乱局面。

本来，萧合达身为契丹人，对辽国的赤胆忠心值得理解和尊重，但是站在李仁孝的角度去看，萧合达显然就成了一个背信弃义的小人。

墓史密码之神秘的西夏皇陵

毕竟，在西夏久居多年，给了你官职，又给了你待遇，你还想着前任上司，这就有点不地道了。

因此，对于这样的情况，李仁孝绝不姑息，所以萧合达很快就被李仁孝摆平了。

这头才收拾完武将叛乱，天灾又接踵而至。

西夏大庆三年（1142）九月，西夏境内发生了严重的饥荒，粮价飞涨，一升米竟卖到百钱。许多百姓饿得眼都绿了，吃老鼠，啃树皮，把能吃的几乎都吃光了，就差吃人了。

到了西夏大庆四年（1143）三月，都城兴庆府又发生强烈地震，余震"逾月不止，整座城天塌地陷，房倒屋塌，人畜死者万数"。

四月，夏州发生地裂，黑沙涌出，高达数丈，树木、民居均被陷没。

在这样天灾人祸的环境中，党项部民难以生存，真是被逼得走投无路，最终铤而走险只能造反。

根据史书记载，在这段时间内，西夏境内爆发了最为严重、最声势浩大的一次起义。

同年七月，韦州的大斌、静州的埋庆、定州的笆浪和富儿等部族人民纷纷起义，多者万人，少者也有五六千人。他们攻劫州城，州县连连告急。

面对如此严峻的造反形势，聪明的李仁孝采取了有效且让旁人意想不到的措施。

从古至今，每到天灾人祸，底层百姓受苦受穷被逼得无路可走之时，总会团结一致，揭竿而起，所以农民起义这种事，每朝每代都会碰到，而大部分统治者在处理农民起义时通常只用一种方法，那就是镇压。

但朝廷强制性地镇压有时不但没有好的结果，反而会引起百姓更大的反感，最终失去民心。

水能载舟，亦能覆舟。

统治阶级一旦失去了民心，就很快会被推翻。

因此，聪明的李仁孝绝不能走这条自取灭亡的道路。

他没有用一兵一卒来对付百姓，而是采用了御史大夫苏执义的建议，用怀柔的政策，对遭受地震、地裂灾害严重的兴庆府、夏州地区人民，凡因灾而死亡二人者免租税三年，死一人免租税二年，受伤者免租税一年。房舍塌毁者令官府帮助修复。

同年八月，李仁孝又采纳大臣枢密承旨苏执礼的建议，实行赈法，对饥荒严重的地区，下令诸州官吏视察，按灾荒轻重程度，使赈济抚恤达于井里。

百姓有地方住，有饭吃，能活下去，自然就不会闹下去了。

李仁孝用实际行动告诉治下百姓一个道理：虽然武力可以夺取天下，但治国必须得用"仁爱"二字。

于是很快，西夏的内乱和外患都处理得差不多了，李仁孝便腾出手

墓史密码之神秘的西夏皇陵

来做其他事情。

李仁孝不仅遗传了父亲李乾顺的基因,也遗传了李乾顺酷爱儒家学术的特点。他继位之后,除了维持与金国的友好关系外,仍不忘怀与宋朝的交往。

西夏人庆元年(1144)五月,李仁孝遣使赴宋朝贺天申节,向宋朝贡献珠玉、金带、绫罗、纱布、马匹等物,恢复了同宋朝中断了近20年的聘使往来。

同年十二月,他又遣使到宋朝贺正旦,贡献金酒器、绫罗、纱縠等物,意在进一步密切同南宋的交往。

当时,宋朝境内的儒家文化强于北边的金国和西北边的西夏,这对李仁孝来说有着极大的吸引力。

据史料记载,在这一年的六月份,李仁孝就下令在各州县设立学校,进学的子弟增至3000人。这个数字,比之前崇宗朝的"国学"人数增加了10倍之多。

不仅如此,李仁孝还在皇宫内院设立"小学",置教授,凡夏宗室子孙自7岁至15岁皆得入学。李仁孝与皇后罔氏也经常亲临,并且亲自授课训导。

在这种风气之下,西夏境内各族人民受教育程度大大提高,培育出了一批又一批有理想有抱负的知识人才。

西夏人庆二年(1145)七月,李仁孝又进一步模仿宋朝制度,建立

"太学"，他亲自主持"释奠"大礼，又给予师生赏赐。

另外，他还下令乐官李元儒，参照汉族乐书，结合西夏现行制度，重新修订国家乐律，历时三年始成，赐名《新律》。

到了西夏人庆三年（1146）三月，李仁孝更是尊孔子为文宣帝，并下令州郡修建孔庙，祭祀孔子，一切套路都是按照1∶1仿南宋的路子来完成的。

西夏人庆四年（1147）八月，西夏再次效仿宋朝制度，实行科举，正式策试举人，立唱名法，并设立"童子科"，逐步完善了通过科举选拔官吏的制度。

次年三月，又建"内学"，李仁孝亲自选派名儒主持讲学。

西夏天盛三年（1151）十二月，李仁孝委任家学深厚、汉文和西夏文字著作丰富的学者斡道冲担任蕃汉学教授。

到了西夏天盛六年（1154）九月时，李仁孝借着与金国聘使之便，遣使向金国购置儒、佛经典。

西夏天盛十三年（1161）正月，李仁孝又设立了翰林学士院，以王佥、焦景颜等人为学士；五月，命王佥等掌管国史，纂修《李氏实录》。

除此之外，他还特别崇尚佛学，并不惜代价请高僧、大佛讲经，传播佛教文化。

西夏天盛十一年（1159）时，他派人到西藏，奉迎迦玛迦举教派的始祖都松钦巴；都松钦巴派大弟子格西藏琐布赍经像到凉州，李仁孝奉

墓史密码之神秘的西夏皇陵

其为上师，并组织人力大规模翻译他带来的佛经。

在这一时期，西夏境内的佛学文化发展到大规模的校经。

目前，从西夏皇陵所出土的西夏时期的佛经来看，属于仁孝时期校经的有《悲华经》《佛说宝雨经》《现在贤劫千佛名经》《大方广佛华严经》《大般若波罗蜜多经》《大宝积经》《金光明最胜王经》等数十部。

由此证明，在李仁孝执政时期，西夏境内的佛学、佛家文化已达到了前所未有的顶峰。

李仁孝执政时期除了发展佛学、重视教育、提倡以儒治国之外，还十分重视加强法律制度的建设。

西夏天盛年间（1149—1169），李仁孝专门组织人员编纂法典，在修订旧有法律的基础上，新修法典定名《天盛改旧新定律令》，用西夏文刻印颁布通行。这是一部参照唐、宋律令，结合西夏实情，包括民法、行政法、刑法、诉讼法、经济法、军事法等内容的综合性法典。

《天盛改旧新定律令》简称《天盛律令》或《西夏法典》，共20卷，1460条，20余万字，内容参照唐、宋律书，又反映西夏民族特点。其全部用西夏文撰写；现存本略有残缺，其中基本完整的有9卷，残失一部分的有10卷，第16卷全部亡佚。

它是中国历史上第二部公开刻印颁行的王朝法典，也是第一部用少数民族文字印行的法典，为研究西夏文化、军事等提供了珍贵的资料。

最早发现它的人是自称"探险家"的俄国文物大盗科兹洛夫。它是

第三章 锐意图治

◎《天盛改旧新定律令》

1908年科兹洛夫来中国寻找"黑水城"时无意中所得，现藏于俄罗斯科学院东方学研究所圣彼得堡分所。

俄罗斯汉学学者、西夏学学者克恰诺夫曾将其译为俄文，中国学者史金波、白滨、聂鸿音等将其译为汉文，科学出版社将其作为"中国珍稀法律典籍集成"之一，于1994年出版。

除了完善法律条款，在李仁孝执政时期，为适应经济和文化飞速发展的需要，李仁孝还进一步完善了朝廷和地方的官制机构和吏治建设。

西夏人庆二年（1145）六月，李仁孝"下诏求直言"。西夏天盛十年（1158）十月，李仁孝为便于议事和顾问，将朝廷行政和军事的首脑机关移置于宫廷中。

当时，投靠西夏的任得敬在军事方面已经非常强悍了，在前期他是

墓史密码之神秘的西夏皇陵

李仁孝战无不胜攻无不克的利器,但时间一长,这把利刃的缺点也越来越明显。

在参与了两次平叛后,任得敬的话语权加重了,常年在外执掌兵权使得他逐渐不满足,开始想入朝参与国政。

李仁孝很警惕,任得敬日益膨胀的野心他早就看出来了。

他想效仿赵匡胤那样"杯酒释兵权",收回任得敬的兵权,于是就先婉拒他入朝的请求,后封任得敬为都统军、西平公,想以此来稳住任得敬。

这使日渐膨胀的任得敬收到了错误的信号。

他觉得自己这下牛得不行了,终于跃居一人之下万人之上的相位,便开始大肆任人唯亲,滥用职权,做事也变本加厉,为了方便任用亲信,要废除科举,就连出进的仪仗队也和李仁孝的规格差不多了,搞得庙堂内外是敢怒不敢言。

李仁孝当时念及他是先皇时期的老臣,于是对其忍让三分,为了笼络他,于西夏天盛十二年(1160)封他为"楚王"。

但任得敬并不满足,这年十月,任得敬请李仁孝废学校,废弃科举取士,这一时期便由他任意擢用亲信。

更过分的是,任得敬觉得李仁孝不敢动他,所以进一步阴谋篡国,企图让李仁孝居住在瓜州(今甘肃瓜州县)、沙州(今甘肃敦煌市),自己则要将西夏的西南路和灵州作为自己的独立王国。

144

他利用手上的兵权逼迫李仁孝遣使向金国求封,但这项无理的要求被金国的世宗皇帝拒绝了。

但此时任得敬的野心已经收不回去了。

一计不成,又生新计。

他转身又与南宋秘密联络,企图密谋推翻李仁孝在西夏的统治,自己登基坐殿。

南宋四川宣抚使虞允文派人密书回报,被夏兵俘获。

李仁孝得知此事之后,认为对任得敬已经仁至义尽,于是在金国的帮助下,他果断诛杀了任得敬,剿灭了其党羽,一举粉碎了任得敬企图篡权分裂西夏的阴谋,把西夏政权从分裂的危机中挽救过来。

乾祐二十四年(1193)10月16日,70岁的李仁孝去世,谥圣德皇帝,庙号仁宗。

李仁孝在位期间为西夏的盛世,也是金国、南宋的稳定发展期,三国之间战争甚少,因此他专心处理政务,放粮赈灾,消除百姓饥荒,减免赋税,着手大力发展西夏境内的教育事业,使得社会欣欣向荣,周围各游牧部落都羡慕西夏的繁华盛世,甘于臣服,纷纷来朝。但到了仁宗执政末期,由于李仁孝个人的多疑,不太信任朝中武官集团,犯了与宋太宗赵光义一样的错误,西夏国力开始走下坡路,政策多重文轻武,导致军备开始废弛,国家战斗力减弱,战争屡战屡败。

但总的来说,在李仁孝统治时期,西夏经济总体繁荣,百姓安居乐

墓史密码之神秘的西夏皇陵

业，文化更是臻于鼎盛，为党项文化写下了光辉灿烂的一页。

但有句老话叫作"盛极而衰"。

当西夏大力发展国内经济文化使其达到顶峰，并与金、宋两国友好相处了几十年后，西夏内部也悄然发生了变化。

而在北方草原上，蒙古人的崛起则彻底敲响了西夏最终亡国的丧钟。

二、沉睡千年的中古文明

千百年之后的今天，当我们拨开云雾，再次走近西夏皇陵时，看着眼前一座座"东方金字塔"，感受党项人那段曾经沧桑的历史，心中或多或少会被震撼。

党项人自四川松潘高原起家，从西南一路向东北迁徙，先是臣服于李唐王朝，后平定了黄巢叛乱，占领河西走廊；从李元昊正式称帝建立西夏开始，他们有了真正属于自己的家园。

在这期间，他们先后与宋、辽、金国多个地方割据政权形成"多足鼎立"的局面，其过程充满了尔虞我诈又可歌可泣的壮阔诗篇。在那段风云变幻的政治格局中，他们不断进行自我变迁。

如今，西夏王朝历代皇帝的寝陵外观虽毁，但骨架尚存，宏伟的规模、严谨的布局、残留的陵丘，仍可显示出西夏王朝特有的时代气息和风貌。

目前，在西夏皇陵中，7号陵寿陵在陵区北部，距离5号陵约1500米，在柏油马路以南约200米处。

陵园大部分为现代住房和场院侵占，破坏严重，陵园建筑仅剩下双阙台、双碑亭、月城、内城的南神墙和西神墙、陵台及西南角台、外神墙的一部分。

在陵园南端有2座阙台遗址，东西相对，距离70米。双阙周围皆已坍塌，边长难以测量，高约7米，从平顶处攀上顶部，烟台周围散见砖、瓦等建筑材料。

在双阙台以北约50米，月城以南50米的位置，有2处碑亭遗址，皆已经过清理，高2米，台基呈正方形，边长10米，周围残存大量砖、瓦、石碑残块，在清理后发现西夏文碑残块1265块，汉文碑残块51块。

月城位于碑亭北侧，呈东西长方形，东西长125米，南北宽45米，月城内全部被破坏，依稀可辨神道两侧各有2列石像生基址，相距20米。

内城位于月城北侧，近似方形，东西长190米，南北宽180米。内城除南神墙、西神墙残存一部分外，其余基本都被破坏，墙宽3米，黄土夯筑而成，夯层厚度为10至12厘米不等。

献殿和墓道封土皆已不存在，地面已经成为一片场地。在内城偏西

墓史密码之神秘的西夏皇陵

处有一座陵台，八角形，分作 7 级，从下至上逐级收缩，出檐结构明显。

陵台周围在 20 世纪 90 年代时被改建为场地和库房。

陵园西南部残存有部分外神墙，从其走向看，大致为封闭式。

残存的外神墙宽约 1.8 米，黄土夯筑，但因破坏严重，总宽度和长度已经无法看出，内外神墙相距 22 米。

在陵园的西北角，紧挨外神墙边侧有一处已经坍塌的角台，该角台的位置在月城中部连线的延长线上，由黄土夯筑而成。

在清理东、西碑亭时，共发现西夏文碑残块 1265 块，其中部分残块经过整理，其上的西夏文可译为"大白高国护城圣德至缴皇帝寿陵志铭"。史籍记载，寿陵为西夏第五代皇帝仁宗仁孝之陵号，由此可以确定该陵为寿陵。

其中最重要的是在寿陵所发现的残碑。

寿陵残碑是一座宽 5 米、高约 2.8 米、通高 4.2 米、厚约 0.5 米的由 4 座碑座托起的国内外罕见的大体量卧碑。

它由碑首、碑额、碑文、碑托、碑座五部分组成，碑面敷朱色，文图鎏金，分阴、阳两面镌刻，碑额用篆文，碑文是行书，碑图以龙饰为主。

据悉，此残碑体积硕大，平视易读，稳固牢靠，最能体现西夏人标新立异、敢为人先的心态。

7 号陵寿陵残碑的纹饰布局采用了碑首、碑额、碑缘三级递进的方式，错落有致，恢宏大气。

碑缘纹饰共使用了3种标准规范的图案，环绕一周设置了38条龙，这是历代纹饰图案中设龙最多的。其中扑龙20条，奔龙18条；边饰上、下两端各12条，左右各7条。

两种形态的龙与卷枝纹依次递进，一龙一枝、一扑一奔，使纹饰画面显得生动活泼、井然有序。

龙在我们中国古代是一种传说中的神异动物，是中华民族历朝历代统治者的象征，因此皇宫中使用的器物也以龙为装饰。但与广为流传的"五爪金龙为天子象征"之说不同，古籍中记载，有翼飞龙方为天子之相。

中国人以自己是"龙的传人"而骄傲。

中国周边的其他国家或多或少都受到中国龙文化的影响。

西周时期，有大量身负羽翼龙纹器皿，乃至青龙在先秦纹饰中也有羽翼，还有一说应龙、青龙为祖龙。

另外，龙还在中国传统的十二生肖中排第五，在《礼记·礼运第九》中与凤、龟、麟一起并称"四灵"。

近代以来一直流行着一种观点，认为龙的形象来自上古炎黄时期的釜山合符。

《史记·五帝本纪》记载，黄帝在打败炎帝和蚩尤后，巡阅四方，"合符釜山"。

墓史密码之神秘的西夏皇陵

这次的"合符",不仅统一了各部军令的符信,确立了政治上的结盟,还将原先各部落的图腾各取一部分结合起来,形成了新的动物形象"龙"。

闻一多在他的三篇作品《伏羲考》《龙凤》《端午考》中也再次举例说明了这一点。

由此可见,千百年来"龙"这一形象早已刻在了每个中国人的心里,流淌在血液里。

而西夏寿陵中出土的龙残碑不仅是西夏,更是中国中古时期碑刻艺术的经典之作,上面刻画的98条龙通贯全碑,是我国唯一面世的空前绝后、名副其实的"百龙碑"。

在我国历史中,西夏政权在经历了近200年的风霜后最终惨遭毁灭,但寿陵中出土的带有龙饰的各种文物向今天的人们展示了当年西夏党项人的风采,使出土的寿陵龙饰显得弥足珍贵。

寿陵龙饰主要由龙首、龙躯、龙前肢、龙后肢、龙尾五部分组成,种类有奔龙、扑龙等,特别是扑龙,这种图腾的外观造型是西夏艺术中独有的。其形态虽有些夸张却刻画得非常细腻而生动,造型威猛,栩栩如生,给人留下深刻印象,是目前西夏皇陵出土文物中当之无愧的"天花板"级别的存在,在整个中国龙饰文化大观园中也是硕果仅存,独此一家。其处处体现出与中原"龙"的与众不同,充分彰显了党项人独立自我、大胆创新的特点。

第三章 锐意图治

此残碑是西夏皇陵中出土的形体较大的,也是唯一一个能够确定其陵主身份的碑刻,总体给人以气势雄浑、威风凛凛的感觉,是西夏历史文化最具代表性的艺术珍宝。

◎贺兰山脚下的西夏皇陵

第四章

帝国的黄昏

墓史密码之神秘的西夏皇陵

中国有着五千多年悠久而灿烂的历史，在此期间，王朝政权交替更迭，战争、纷争更是不计其数，如星罗棋布，数不胜数。

体制僵化、官员腐败、贪图享乐、不思进取，是一个政权由盛转衰的最明显特征。

而自李仁孝去世，夏桓宗李纯祐上台之后，西夏政权的这些问题也如雨后春笋般接踵而至。

加之后期，草原新霸主蒙古崛起，迫使西夏与金国断绝了原有的同盟关系，转而臣服蒙古，一起攻打金国，殊不知西夏与金国本是唇亡齿寒的关系，可是西夏选择了错误的政策……

第四章 帝国的黄昏

一、从衰落到灭亡

（一）衰落的开始——李纯祐

夏桓宗李纯祐（1177—1206），夏仁宗李仁孝之子。

西夏乾祐二十四年（1193）10月16日，夏仁宗李仁孝去世，李纯祐即位，时年17岁，改元天庆。

西夏天庆十三年（1206）正月二十日，西夏仁宗李仁孝之侄、越王李仁友之子李安全发动政变，桓宗被废，不久暴卒，年仅30岁，谥昭简皇帝，葬于庄陵。

1193年，这一年印度奴隶王朝的第一个国王古特伯－乌德－丁·艾伯克开始修建被称为"印度斯坦七大奇迹"之一的古特伯高塔。

而在中华大地的漠北草原之上，一代天骄成吉思汗的正妻孛儿帖的第四子拖雷（元宪宗时追谥英武皇帝，庙号睿宗）也在这一年出生。

此外，在大西北的西夏，一位有作为的明君夏仁宗李仁孝驾崩了，年仅17岁的新君李纯祐走马上任，次年改元天庆，尊母罗氏为太后。

李仁孝在位时间长，人也比较长寿，可直到53岁，膝下还只有李纯祐这么一个儿子。

墓史密码之神秘的西夏皇陵

是仁宗帝的子嗣单薄，还是成活率太低，对此史书中并未记载，旁人也不好胡乱揣测，但这皇位当时确实只能由李纯祐来继承。

桓宗李纯祐时期，西夏基本奉行着他父亲的政治方针和外交政策，对内继续修身养性，对外也继续对宋、金两国称臣纳贡，表面上依旧是国泰民安，但实际上官员贪图享乐、不思进取的风气日渐高涨。

西夏天庆元年（1194），在李纯祐的再三请求之下，金国同意恢复了保安、兰州二地榷场，与西夏互市交易。

此时的金国正是章宗执政时期的"明昌之治"，表面虽是繁华盛世，但由盛转衰的拐点也由此到来。

而南宋一边，一代名将吴挺也在这时去世了，吴挺的儿子吴曦接收并继承了父亲的势力与兵权，这为日后他与堂弟吴晛及徐景望、赵富、米修之、董镇等人共同谋反，叛宋降金以及自称蜀王埋下祸根。

西夏天庆七年（1200）正月，李纯祐因母亲罗太后患头风，久病不愈，遣武节大夫连都敦信等到金国贺正旦时，附奏向金国求医。

金派遣太医时德光、王利贞到夏国为罗太后治病，并赐给药物。

从这件事情上不难看出，李纯祐是个非常孝顺的孩子，但可惜的是性格总体偏于懦弱。

这也是他后期命运悲惨的重要原因之一。

仁宗时期，李仁孝的弟弟李仁友在除去任得敬时，拿下了当时掌握兵权的任得聪等人，并因功受封越王。

第四章 帝国的黄昏

在李仁友死后，其儿子李安全向李纯祐上表称颂自己的父亲，目的是想继承父亲越王的爵位。

可当时李纯祐并没有同意李安全继承越王这一爵位，原因是李安全生性暴虐，早有恶名在外，继承越王爵位实在德不配位，所以李纯祐只是封李安全为镇夷郡王。

但李安全对这样的安排并不满意，从此对李纯祐怀恨在心。

西夏祸端也由此开始。

此后的几年，李安全不知用了什么神奇招数，居然和李纯祐的母亲罗太后成了盟友，并在罗太后的支持下，暗中不断在朝中培养自己的亲信，壮大自己的势力，把持朝政，为日后图谋篡位做准备。

李纯祐对于李安全的这些举动早有察觉，为了制衡李安全，他重用刚正不阿的南院宣徽使刘忠亮。

这一招真是针尖儿对麦芒。

刘忠亮每次遇见李安全干预朝政都会义正词严地斥责，而且毫不留情，搞得李安全很尴尬。

李安全私下里想拉拢他，又送礼物，又送美女，可是刘忠亮丝毫不为所动。

刘忠亮早就将李安全的意图看得一清二楚，在临终前曾对自己的儿子刘思义说道："吾不能为国纾难，负恩多矣，宜布衣入棺，以志吾恨。"

正是因为有了刘忠亮这样清正廉明的官员，李纯祐才得以安稳地坐

墓史密码之神秘的西夏皇陵

在龙椅之上。如果不是后来蒙古崛起，天下局势发生了变化，他说不定也能像自己的父亲和祖父那般，成为西夏历史上的又一位明君。

这个时期，蒙古草原上的铁木真正在膨胀式地壮大，这一趋势对西夏和金国造成了前所未有的威胁。

西夏天庆十二年（1205），铁木真率大军第一次对西夏进行了试探性的攻击，在边境大肆抢掠一番，呼啸而去。

同年三月，铁木真又找借口谎称叛逃者亦剌哈桑昆被西夏收留，于是率兵再次攻入西夏境内的河西，击败西夏将领力吉里寨，并纵兵至瓜、沙诸州进行掳掠。

对于来去如风的蒙古骑兵，李纯祐束手无策，懦弱的本性表露无遗，更加不敢派兵抵御。等到蒙古兵退去，他立刻下令修复被战争毁坏的城堡，改都城兴庆府为中兴府，表示夏国经过大难之后，必将中兴。

同年十一月，李纯祐听说蒙古大军正与金国开战，于是便想趁此良机偷袭蒙古后防。

谁知派出的兵马刚进入大草原就听说金国已经大败，蒙古兵正在赶回救援，吓得西夏兵赶紧撤退。

西夏天庆十三年（1206）正月二十日，蓄谋已久想篡位的李安全与罗太后二人里应外合发动了政变，废黜了李纯祐。

李安全随后自立为帝，改元应天元年。

同年三月，李纯祐暴毙于宫中，其死因不明，终年30岁。

罗太后帮助侄子李安全的原因，史书中并未记载，这一疑点引来后世很多猜想，其中之一便是二人"通奸有染"的乱伦说。

而在这之后，罗太后的命运也不怎么好。

在帮助李安全废黜自己儿子之后，她并没有过上如武则天一般的生活，而是被李安全打发到了遥远的黑水城，孤独终老而亡。

西夏桓宗李纯祐延续了父亲的执政思想，却在内政与外交方面处处显得软弱。

这种性格注定了他最终悲惨的结局。

（二）篡夺君位，律以天讨——李安全

历史上谋朝篡位的君主数不胜数，虽有几个能力出众、谋略过人的君主，但大多数是残暴至极、荒淫无道之流。

西夏的第七位君主李安全便是其中之一。

夏襄宗李安全（1170—1211），夏崇宗李乾顺之孙，夏仁宗李仁孝之侄，越王李仁友之子；他在位期间昏庸无能，破坏了西夏与金国长期的盟友关系，依附蒙古，发兵侵金，而蒙古在此期间也不断蚕食西夏的财力与兵力，使得西夏越来越衰弱。

西夏皇建二年（1211）8月12日，宗室齐王李遵顼发动政变，李安全被废，于西夏皇建二年（1211）9月13日去世，终年42岁，谥敬穆皇帝，庙号襄宗，葬于康陵。

1206年的铁木真已经被众蒙古部落推举成为"成吉思汗"，正式开始

墓史密码之神秘的西夏皇陵

了他彪悍而传奇的一生。

自己的儿子死后没几个月，罗太后便代表李安全向金国上表，为李安全请封。

西夏境内发生的政变早已传到了金国，但显然金章宗对李安全这个篡权者并没有什么好感，于是故意派人去西夏当面问罗太后事情的缘由。

在金章宗看来，罗太后定是被李安全挟持，不得已废黜自己的儿子，因此想借故帮罗太后一把。

谁知罗太后却根本不上道。

金章宗也没辙，于是便在几个月后册封李安全为夏国王。

奇妙的是，从此之后，罗太后就仿佛人间蒸发了一般，史书中再也没有记载过有关她的事情。

西夏应天四年（1209），铁木真率领蒙古大军亲征，对西夏进行了第三次征伐，顷刻间便拿下了黑水城与斡罗孩城。

当时李安全任命自己的儿子李承祯为元帅，率军5万抵抗蒙古军。

但此时的蒙古铁骑犹如天兵天将，西夏的5万兵马根本不是他们的对手。

在这场战役中，蒙古军俘虏了西夏太傅西壁讹答，一路势如破竹，直逼西夏克夷门。

此地地势险要，易守难攻。

李安全得到前方回报，立刻抓住机会，又派出5万兵马前去与蒙古骑兵交战，宗室将领嵬名令公领命出战。

双方兵马很快便碰了头，恶战在一处，打得是昏天黑地，日月无光。

起初，嵬名令公自山坡驰下，使蒙古兵猝不及防，连连败退，但蒙古兵毕竟骁勇善战，岂能如此轻易撤退，拼了命地一次次冲破西夏兵的防线。

如此这般，双方僵持了两月有余。

最后蒙古兵以游击战术，引诱西夏兵进入埋伏圈，使西夏兵大败，最终攻破克夷门。

《西夏书事》一书中对这场战役有这样的一段记载："嘉定三年、夏皇建元年春三月，嵬名令公自蒙古还。太傅西璧氏病死，嵬名令公被囚。蒙古主数使人谕降，不听，日居土室中，蓬首垢面，食惟粗粝，志不稍屈。及安全请和，闻令公未死，遣使以礼请，乃纵还。"

当蒙古兵攻破克夷门后，大军直接逼近西夏的都城中兴府（今宁夏回族自治区银川市）。

蒙古兵用黄河水灌城，顿时巨浪滔天，中兴府中的百姓四处逃窜，惨叫连连，死伤惨重。紧急之下，李安全赶紧派使臣去金国求援。

但令他没有想到的是，在这关键时刻，金国皇帝、著名的昏君完颜永济却对此毫不在意。

他当着群臣的面羞辱西夏使臣，笑道："敌人相攻，我国之福也，何患焉？"

墓史密码之神秘的西夏皇陵

西夏使臣听罢，差点儿没气得当场吐血身亡。

时间不等人，眼看着中兴府危在旦夕，整座城都要被淹了。

但就在这危急时刻，奇迹却突然发生了。

蒙古人自己修的引水堤坝突然垮了，使得大量的黄河水反淹了自己一边。

死伤惨重的蒙古兵在迫不得已的情况之下，才勉强答应了李安全的投降请求。

这次的投降，是李安全将自己的女儿以及成山的金银珠宝献给了成吉思汗，才换取了蒙古军队退兵。

李安全为了报复，派兵万余骑，攻打金国的葭州地区（今陕西佳县），从而导致西夏与金国的关系彻底破裂。

此时西夏境内的统治阶级已从贪图安逸保守发展到腐化堕落，整个国家的生产基本都处于停滞状态，社会各阶层的矛盾更是此消彼长。

加之外有蒙古铁骑的威逼，迫使西夏只能选择听从蒙古人的指挥与金国翻脸。

但这么一来，使得西夏与金国的财力、物力以及军事力量都被迅速消耗殆尽，从而为蒙古消灭西夏与金国创造了良好条件。

就在李安全因与金国酣战被搅得脑仁疼的时候，其堂兄弟齐王李遵顼终于按捺不住了。他发动政变，废黜李安全，自己坐上了龙椅，成为西夏第八位君王。

其后，李安全则在西夏皇建二年（1211）9月13日去世，其死因与6年前的李纯祐一样无人知晓。

清代著名历史学者吴广成在其撰写的《西夏书事》一书中对李安全有这样一段评价，他说："安全派惟支庶，爵重宗藩，妄肆奸心，篡夺君位，律以天讨，罪岂容诛！况在位六年，无善可纪。见蒙古之强，纳以女；背金源之德，加以兵。鲜耻寡恩，曷足挂齿！然止能及身，而不能传世，则有天意存焉。"

（三）竭其资财，两世穷兵，干戈自及——李遵顼

在历代皇帝中说到"神宗"，绝大多数人第一反应绝对会想起的是宋朝的神宗帝赵顼，或是明朝的第十三位皇帝明神宗朱翊钧，但我们接下来要说的既不是宋朝的神宗也不是明朝的神宗，而是西夏的神宗李遵顼。

西夏自李元昊建立政权之后，正式开启了党项人与辽、宋两国三足鼎立分制天下的局面。

但是西夏后续的君主并没有沿袭李元昊的执政路线治理国家，而是效仿中原"以儒治国"并且最终将这一理念贯彻到底，不仅开设科举选拔人才，还将孔子当作教化民众、治理国家的先贤智者供奉。

在这样的大环境下，西夏也诞生了中国古代第一位，也是唯一一位状元皇帝，他就是夏神宗李遵顼。

李遵顼（1163—1226），即夏神宗，西夏第八位皇帝，西夏宗室齐国忠武王李彦宗之子；史书记载："端重明粹，少力学，长博通群书，

墓史密码之神秘的西夏皇陵

工隶篆。"西夏天庆十年（1203），李遵顼取进士第一名；西夏光定十三年（1223），传位于子李德旺，为西夏历史上仅有的一位太上皇；西夏乾定四年（1226）病卒，享年64岁，谥英文皇帝，庙号神宗，葬于今西夏皇陵第161号陪葬墓。

李遵顼虽被称作"神宗"，也是历史上唯一一位状元皇帝，但他在执政能力方面是一个不折不扣的昏君，在位期间作出了很多错误决策，直接加快了西夏灭亡的脚步。

西夏天庆十三年（1206），李安全与罗太后二人合谋发动政变，后李安全自立为帝。

李安全在坐上龙椅之后，对身边可能威胁到自己的人采取了清除行动。

据说，当时西夏宗室齐国忠武王李彦宗为了自保假意归顺并千方百计讨好李安全，避其锋芒，卧薪尝胆。

西夏皇建二年（1211）8月12日，机会来了，李彦宗瞅准时机，在封地凉州起兵发动政变，废襄宗，改立自己儿子李遵顼为帝。

但这种说法存在着一定的破绽。

因为李遵顼登基前的封号已经是"齐国忠武王"，这显然是因为其父李彦宗已故去，他继承了父亲的封号。

另外，李遵顼在登基时已年近50岁，而他的父亲李彦宗就算当时还活着，估计也有七八十岁了，这个年龄是否还能领兵打仗令人存疑。

第四章 帝国的黄昏

根据以上这两点,可以判断出李彦宗起兵发动政变且将自己年近50岁的儿子立为储君并非属实。

对于这一点,史书中也没有明确记载。

唯一能确定的是,李遵顼这位曾经参加过科举,且手上握有重兵的宗亲的确是替换了李安全,自己坐上了龙椅,成为历史上唯一中过科举的皇帝。

在我们正常人的观念中,一个既饱读诗书又手握重兵的人必定是类似于曹孟德那种有勇有谋的枭雄,但李遵顼是个例外。

李遵顼完全复刻了李安全的执政理念,继续依附蒙古,站在金国的对立面,穷兵黩武地与金国死磕,使得西夏的国力不但没有好转,反而比之前更加糟糕。

西夏光定元年(1211),就在李遵顼发动政变、登基上台的这一年里,他不顾治下百姓的安危,出动万余骑兵进攻金国的东胜城(今内蒙古自治区托克托)。

金国援兵到后,双方一番死战后,金兵才冲破西夏军队的重重包围入城,勉强解了围城危机。

同年十一月,正是寒冬腊月,北风呼啸之时,蒙古军围攻金泾州、邠州,又进围平凉府,金国大败,数万金兵尸横遍野,血流成河。

西夏光定二年(1212)三月,为了缓和关系,得到西夏的支持,金国主动派人来到西夏并封李遵顼为夏国王。

墓史密码之神秘的西夏皇陵

但李遵顼丝毫不为所动，一直拖到十二月才派人去金国谢封。

这期间，他不顾群臣反对，毅然坚持附蒙抗金政策，继续对金国出兵。

西夏光定三年（1213）三月，西夏兵攻破金保安州（今陕西志丹县），进围庆阳府（今甘肃庆阳市），破邠州（今陕西彬州市），接着又继续攻破巩州、庆原、延安诸州。

当时金国将领韩玉募兵万人赶来救援。

李遵顼得知消息后生怕金国派大军来袭，于是赶紧下令撤兵休战。

因为长期的穷兵黩武，西夏国内经济早已凋敝，加之领导者的昏庸无能，使得民变不断。

次年正月，李遵顼派人到金国贺正旦。

此时，按照以往惯例，金国作为宗主国理应向西夏还赐岁币、金银珠宝，开设双边贸易等，但金国君主完颜永济不但一文钱没给，还将西夏使者全部赶了回去。

也就是从这时开始，西夏再没以附属国的身份向金国纳过贡了，两国的关系彻底决裂。

与此同时，金主完颜永济被权臣胡沙虎所杀，胡沙虎改立完颜珣为金国储君，从此挟天子以令诸侯。

西夏光定四年（1214），面对蒙古的不断侵扰，金国境内的中都城（今开封）已没有足够的兵卒来防守，十分危险，于是金宣宗决定迁都至

第四章 帝国的黄昏

南京,由此便加强了巩州地区的防卫。

这一举动使得李遵顼感到了威胁,于是马不停蹄地派人赶往南宋,商讨与宋联盟对付金、蒙事宜。

但这提议如同石沉大海,一直没有得到南宋方面的回应。

此后西夏在与金国的较量中,始终处于劣势,一点儿便宜也占不到。

西夏光定六年(1216)秋,蒙古成吉思汗出兵侵金,西夏开始出兵配合蒙古作战,连攻延安、伏州,进而破潼关。

西夏光定七年(1217)正月,西夏又应蒙古的征调,派兵3万随蒙古联合攻金,大败金军于宁州。

等到蒙古西侵花剌子模时,又再次故技重施,向地处西北的西夏征兵。

此时,西夏所面临的困难非常棘手,与金国常年对立已很难再占到半分便宜,而国内所面临的局面也是一团乱。

连年的征战早已使这匹曾经雄踞西北的苍狼变得疲惫不堪,因此西夏这次拒绝了蒙古的征调出兵打仗的要求。

但这种上百年来应付辽、宋、金的方法对于蒙古来说根本起不了任何作用,反而给蒙古找到了攻打西夏的借口。

次年,成吉思汗率蒙古骑兵突然发兵攻打西夏,围攻中兴府。

面对蒙古骑兵的猛烈进攻,西夏国岌岌可危,李遵顼不想做亡国之君,慌忙之中命自己另一个儿子李德任守城,自己一溜烟跑到了西京灵

墓史密码之神秘的西夏皇陵

州避难。

最后，还是李德任派人去向成吉思汗求情，答应了一系列不平等条约才使得蒙古退兵。

西夏光定十年（1220），李遵顼再次派人入宋商议联手对付金国与蒙古。

这次南宋虽然表面上答应了，但到了西夏与金国开战的时候，南宋的兵马却迟迟没有出动，最终使得西夏又一次大败而归。

同年八月，西夏几乎是集中了全国的兵力攻下金国的会州，终于使得李遵顼扬眉吐气了一把。

金宣宗估计也是想通了，两国这么你打我、我打你，何时才能罢休？于是主动派人到西夏讲和。

不料，得了便宜的李遵顼却怎么也不同意，于是西夏与金国再一次丧失了联手的机会，继续针尖对麦芒地彼此消耗。

西夏光定十一年（1221）八月，蒙古大将木华黎派人再次到西夏征兵，西夏境内兵民一听蒙古兵来了，各个闻风丧胆，抖如筛糠。

李遵顼也是实在没有办法，使出吃奶的劲儿凑出5万兵马随蒙古出征。

同年九月份，李遵顼在没有任何书信告知的情况下擅自派人入宋凤州（今陕西凤县凤州镇），想再次与南宋商议联合抗金的提议。

但正是因为李遵顼这种不打招呼就擅自越界的行为引起了南宋的反

感，所以南京再一次拒绝了他的提议。

十二月，李遵顼倾全国之力集中数十万兵力攻金，金国边境因此惨遭涂炭，百姓流离失所。

西夏光定十二年（1222）六月，蒙古悍将木华黎借道攻打金国，实则又有要求西夏出兵的意思。

李遵顼咬咬牙，勒紧裤腰带，凑出10万兵马随蒙古出征。

这一战蒙古与西夏联军拿下了金国境内的德顺城等地，大肆抢掠了一番。

西夏光定十三年（1223）正月，李遵顼再次集合兵力10万左右随木华黎攻打金国。

蒙古与西夏联军围困金国凤翔城。

金国名将郭蛤蟆一箭射中了西夏一名将领腋下，瞬间西夏众兵将人人因惊吓而慌了阵脚，也不管木华黎是何反应，仓惶地草草退了兵。

到这里，蒙古与西夏算是彻底闹翻了，蒙古决心要彻底将西夏灭了。

此时的西夏已是强弩之末，不仅经济倒退，兵力更是绣花枕头般脆弱。李遵顼附蒙抗金的政策，不仅遭到了境内各族百姓的反对，就是在统治集团内部也是反对声一片，甚至就连太子李德任也极力反对，他主张与金国讲和，合力对抗蒙古。

但李遵顼将头摇得跟拨浪鼓似的，怎么也不同意，一意孤行坚持附蒙抗金。

墓史密码之神秘的西夏皇陵

而李德任也是吃了秤砣铁了心，坚持联金拒不领兵，甚至以死相逼。

李遵顼非常气愤，一不做，二不休，将李德任的太子之位剥夺，并将其囚禁起来。

十一月，金国将领郭蛤蟆率领金兵打下西夏的会州，同时蒙古也在这时以不信任李遵顼为理由，强硬地要求李遵顼退位。

李遵顼一方面迫于蒙古的压力，一方面也不想做亡国之君，于是便在十二月让位于次子李德旺，是为夏献宗，自己则做起了太上皇。

李德旺与兄长李德任的意见相同，认为要联金抗蒙，并且也为此做出了一些努力。

但西夏连年打仗早已耗尽了国力，面对不可一世的蒙古铁骑根本无法抵抗。

西夏乾定四年（1226）五月，李遵顼去世，享年64岁。

仅仅两个月后，夏献宗李德旺也死了，其弟清平郡王之子李睍继位，成为西夏历史上的末代君主。

说起来，李遵顼的一生既是幸运的同时也是悲惨的，好不容易成为历史上第一位状元皇帝，可以名留青史成为一段佳话，最后却落得个身死国破的结局。究其原因，只有两点可说：一是"天时"，也就是蒙古的崛起，这是没办法的事，谁也躲不掉；二是李遵顼和宋徽宗一样，自身根本不是做君主的料，无法看清当时的天下局势，以致盲目穷兵黩武，弄得民不聊生。

第四章　帝国的黄昏

借用吴广成先生曾在《西夏书事》中评价李遵顼的一段话："昔唐元宗之禅位太子，假鸿名以维系人心，正国本以号召天下，实势所不容已者。今遵顼未闻有是，徒以蒙古兵，深思委责于子。直书其事而不足，取意自见。"

（四）知忧患而不生，可谓能干蛊矣——李德旺

西夏光定十三年（1223），这一年在西夏都城中兴府（今宁夏回族自治区银川市），年轻的献宗皇帝李德旺登皇帝位，成为西夏王朝历史上的第九位君主。

李德旺（1181—1226），夏神宗李遵顼之次子。他在登基后的第三年即西夏乾定四年（1226）惊忧而死，享年46岁，庙号献宗，谥号孝哀皇帝。

在李德旺出生的这一年里，中华大地上的政治格局正在发生着悄无声息的变化。

这一年，金国处于金世宗大定之治的后期阶段，南宋孝宗开始推行朱熹的社仓法，西夏则处于夏仁宗李仁孝统治的后期，而北方草原上的铁木真已开始逐渐壮大自己的势力，虽还未成气候，但已经显露出未来草原霸主的气息。

在李德旺成长的过程中，无论是西夏、金国还是南宋，其国力都在走下坡路，铁木真却在暗自丰满自己的羽翼，东征西讨，横扫草原，慢慢已有了将剑锋指向中原腹地的意思。

墓史密码之神秘的西夏皇陵

纵观西夏历史，共189年，传十帝，而李德旺则是这其中的倒数第二位皇帝。

西夏从李安全开始一直到李遵顼，都是玩了命地发动战争，将整个西夏的棺材本都花光了。

在这样的情况下，西夏境内各族百姓的日子自然是苦不堪言，水深火热，阶级矛盾尖锐，各路起义组织也是磨刀霍霍。加之北方草原上的蒙古似红日般崛起，使得西夏的处境更加举步艰难。

即便在这种情况下，西夏也依旧无法看清形势与金国交恶，天天琢磨着整死对方，导致自己治下的土地发展迟缓，综合国力倒退几十年。

从西夏光定二年（1212）到西夏乾定三年（1225），西夏和金国一共打了整整13年。

而与此同时，北方草原上的成吉思汗统一蒙古诸部，建立大蒙古国后，开挂般地四处东征西讨，誓要统一天下。

当时，在蒙古人面前有三个障碍——西夏、金国、南宋。

南宋当时的地理位置偏安一隅，有西夏与金国挡在前面做护盾，因此蒙古人采取了远交近攻的策略。

他们非常清楚，南宋虽然与金、西夏维持着表面的和平，但内心深处无时无刻不想将二者除之而后快。

因此，蒙古一面与南宋交好，一面欺压侵略西夏与金国。

可是，西夏人作战勇猛，金国女真人更是树大根深，就算蒙古铁骑

第四章 帝国的黄昏

天下无敌，要想吞并这两股势力也是很有难度的。

但谁也没有想到，西夏表面上对金国俯首称臣，两方私下的关系却早已是貌合神离。

双方都没有想明白一个道理，那就是：西夏和金国本应该是相互依存的关系，唇齿相依，任何一方受到伤害，另外一方的日子也不会好过。

更可悲的是，两国的国力在这个时候却是一天比一天差，一年比一年差。

这恰恰给了蒙古绝好的逐一铲除对手的机会。

西夏乾定元年（1223年年底），献宗皇帝李德旺从父亲神宗帝手中接过了大旗，成为西夏新一任的君王，开始统治摇摇欲坠的帝国。

李德旺不像自己的父亲那样昏庸，他心里很清楚，以西夏目前的势力，哪怕举全国之兵跟金国交战，最好的结局也是两败俱伤。

所以，他一上台便火速联系金国，想一笑泯恩仇，修复彼此之间的关系，联合起来抵抗蒙古才是关键。

打了十多年的仗，金国也早就累了，心里也自然明白这个道理。

可是经历了多年的磨难，加之国力下滑，如今的女真人早已没有了当年推翻辽国时的那股雄风了。

但形势所逼，金国皇帝同意了西夏休战的提议，但对于两国联合起来对抗蒙古一事，却还是心有余悸，迟迟没有表明态度。

这么一来，李德旺也看明白了，联合金国是没戏了，因此他一咬牙

墓史密码之神秘的西夏皇陵

一跺脚，决定破釜沉舟，自己单干，与蒙古来个死战。

对于当时的西夏而言，所管辖的土地面积虽小，但在这片土地上生活的人们骨子里却有一股不服输的气节。

于是，李德旺以君王的身份下令要与蒙古骑兵死磕——宁可战死沙场，也不能做亡国之奴。

既然下定决心要与不可一世的蒙古铁骑一战，就要做好充分的准备，只靠西夏目前这些因常年与金国针尖儿对麦芒而变得疲惫孱弱的士卒是远远不够的，因此李德旺想到了另一个办法。

他的想法是联合西夏周边的国家与部族，重新整合军队对抗蒙古。

而与此同时，成吉思汗的目的不仅仅是要统一蒙古，更要统一整个东方，甚至整个世界，建立一个伟大的蒙古帝国。

蒙古人有鸿鹄之志，而西夏人只是想保卫自己的家园。

于是，西夏与蒙古的较量很快便展开了，但结局显而易见，自然是蒙古胜出。

从蒙古铁骑第一次踏上西夏的土地开始，这个在夹缝中求生存的西北政权就一直是一副卑躬屈膝、儿皇帝的状态。

在成吉思汗看来，西夏迟早会被自己率领的蒙古铁骑所灭，而在完全吞并西夏之前，他一定不能让对方过得太舒服，这也是古今以来所有征服者共同的心态。

因此，想要自由的西夏被蒙古按在地上一顿摩擦。

第四章　帝国的黄昏

西夏乾定三年（1225），成吉思汗率领大军踏遍西域之后返回蒙古，决意彻底消灭西夏。

次年，成吉思汗遣使到西夏，以西夏不派随从西征的军队为借口并出言不逊向西夏问罪。

可这个阶段恰好西夏朝野上抗蒙派得势，因此根本没有将蒙古使者放在眼里，反而向其发起了回击。

成吉思汗得知此事之后大怒，二话不说率大军攻打西夏黑水城，四处抄掠。

势如破竹的蒙古铁骑紧接着又攻破斡罗孩诸城，进兵贺兰山，另一路蒙古军自畏兀儿境东进，攻取沙、肃、甘诸州，直逼西凉府（今甘肃武威），西夏西凉守军力屈，被迫投降蒙古。

无计可施的李德旺派人去向蒙古求饶请降，并同意送"质子"到蒙古为信，至此，被围困了超过半年的沙州总算是解放了。

一波未平，一波又起。

就在李德旺刚刚缓过来，准备休息一下的时候，天空又出现了异象。

太白星在光天化日的白天出现了。

古人普遍比较迷信，对于自然界中无法解释的现象都认为是有寓意的，而太白星出现在白天，对于帝王来说，自然是一件很不吉利的事情。

这让李德旺心惊肉跳不已，于是召集朝中文武百官开会讨论。

《西夏书事》记载，御史张公辅疏陈经国七事：一曰收溃散以固人

墓史密码之神秘的西夏皇陵

心；二曰坚盟信以纾国难；三曰修城池以备守御；四曰明军政以习战守；五曰联烽堠以立应援；六曰崇节俭以裕军储；七曰观利便以破敌势。

李德旺听罢，觉得张公辅言之有理，于是采纳其提议，并升张公辅为御史中丞。

不久后，李德旺派宗室之子李桢到金国为"质子"，其用意很明显是想与金国联盟，并提出希望此后与金国以兄弟相称。

金哀宗蛮大方，很痛快就同意了，并没有和西夏计较什么。

然而，西夏一方很快又得寸进尺，以西夏与南宋的关系为例，向金国索要岁赐。

金哀宗并不傻，称兄道弟没什么，反正只是一个称呼，自己也不吃亏，但要钱就另当别论了。

他依样画葫芦，以金国与南宋的关系为例，将西夏使者噎得半天说不出一个字。要钱是不可能了，一分钱也没有，于是岁赐之事就此作罢。

西夏南院宣徽使罗世昌劝李德旺说："金国目前的实力已经不足以让西夏依靠。"他希望西夏能将有限的精力抽回去拉拢那些有用的盟友，而不是日落西山的金国。

但这番言论让李德旺非常反感，他气愤地将罗世昌罢免并赶出了西夏的权力中心圈。

此时的罗世昌已感到西夏离亡国不远，于是在回乡的路上写下了著名的《夏国世次》20卷秘藏。

第四章　帝国的黄昏

此书一直流传至元代，之后便不知所终，消失在历史的长河中。

罗世昌的预感没有错。

西夏与金国重修旧好还互相恢复榷场的事，深深惹怒了成吉思汗。

蒙古很显然不希望看到西夏、金国这两个眼中钉互相眉来眼去。

于是，成吉思汗才亲自率领蒙古铁骑10万，决心要将西夏这棵墙头草彻底连根拔起。

蒙古10万铁骑所到之处，均是城邑崩溃，民众作鸟兽散般逃亡，西夏的土地一点点缩小，整个政权危在旦夕，摇摇欲坠。

而此时，西夏国君李德旺已是心惊胆战，束手无策，没过多久，继五月神宗李遵顼死后的两个月后，德旺也忧悸病亡，终年46岁。

因李德旺死得匆忙，因此并未为其单独修建陵墓，他死后便与其父亲葬于西夏皇陵第161号陪葬墓。

史料中没有详细介绍李德旺的子嗣，在他死后，其弟清平郡王之子、南平王李睍被宗亲及文武官员推上了皇位。

西夏献宗李德旺比自己的父亲有政治眼光，在国家危难之际、国力孱弱之时，仍有雄心壮志突破困局。

假若当时他能多结盟一些西夏周边的抗蒙部族或国家，而不仅仅将希望寄托在金国，坚壁清野，与蒙古耗下去，翻盘的机会或许会大很多。

只可惜历史没有"如果"二字。

李德旺的错误在于自己一方能力下滑的时候又同时高估了金国的实

墓史密码之神秘的西夏皇陵

力,而且还将抗蒙、反蒙的情绪过早地表现出来,使得蒙灭西夏的借口又充足了几分,加速了蒙古侵略西夏的步伐,是个明而不智、令人怜悯的君主。

吴广成先生对李德旺有一评价:"德旺身当末造,时值艰危。受命之初,念生民之害,首罢用兵;纳忠谏之言,专寻盟好。交邻不屈,经国有谋,可谓能干蛊矣!无如积衰难振,小善莫支,戎马满郊,财用困竭,在位三年,竟以悸卒。滕文恐而国亡,简文危而身弑,知忧患而不生,亦可悯已!"

(五) 绝境之下的铁血君王——夏末主李睍

夏末主李睍(?—1227),是夏神宗李遵顼之孙,夏献宗李德旺之侄,清平郡王之子,同时也是西夏最后一位君主,他在位的第二年西夏国亡,后为蒙古兵所杀,葬处不明,史料中也未记载。

西夏宝义元年(1227)四月,在万物已然复苏,微风和煦、树出嫩芽的一天里,在西夏都城中兴府内的皇宫中,西夏皇帝李睍坐在龙椅上一筹莫展,不停地叹着气,看起来十分愁楚,比实际年龄老了十多岁。

此时此刻,他已经预感到自己刚接手不久的这个王朝即将灭亡。

西夏境内从上到下人人疲敝,科技发展迟缓,文化水平原地踏步,农业颗粒无收,综合国力整整倒退了七八十年。

而庙堂之中更是有一大堆的问题,君臣离心,貌合神离。

南宋一方早已关闭了和西夏互相贸易的榷场,导致西夏境内的百姓

第四章　帝国的黄昏

连最基本的茶叶和盐业的收入也没了。

如果单是商业往来出了问题，一时之间倒也应付得过去，因为南宋毕竟地处江南，偏安一隅，至少暂时对自己构不成什么威胁。

但蒙古不一样。

蒙古人的目的是要完全吞并西夏，他们在西夏的领土上大肆劫掠。

而"老大哥"金国的处境比西夏也好不到哪里去，都是泥菩萨过江——自身难保的状态。

那么西夏究竟是如何灭亡的？

西夏末代帝王李睍在西夏灭亡前以及自己生命的最后时刻又做了怎样的努力？

其实李睍并不是一个没有存在感的君主，却是生平事迹记载最少的一位西夏君主。

首先，史书上对他的出生年月并没有详细记载，甚至《金史》中提到他时，连名字都没有说明。

所有有关他登基之前的记载都只提到他是清平郡王之子，而且也不提其父亲的名字。

西夏乾定四年（1226）七月，年轻的李睍在右丞相高良惠的辅佐下正式登基坐殿。

因国内局势濒危，李睍称帝后并没有立即改年号，而是依旧沿用"乾定"这一年号。

墓史密码之神秘的西夏皇陵

他登基之后所做的第一件事就是立即遣使赴金国报哀，以取得金国支持。

金国方面也很给面子，听到消息后就立刻派人随西夏使臣赴西夏吊祭，并把以前作战时掳掠的西夏人口及士卒遣还西夏，作为两国关系修好的诚意。

此时的西夏与金国都已是强弩之末，面对强大的蒙古没有任何反抗的能力。

李睍即位之后，就面临亡国的危局，仅仅几月间，西夏的国土就被吞噬了一大半。

在蒙古大军的步步紧逼之下，李睍注定要做一位亡国之君。

先不论当时的李睍是否情愿接手这样一个国破家亡的局面，他即位后很快就率领西夏军民展开抗蒙救亡的最后生死搏斗，但依旧无力回天，根本抵挡不住成吉思汗率领的蒙古大军的猛烈进攻。

蒙古大军分东、西两路向西夏都城中兴府逼近，而西夏军则是如惊弓之鸟般节节败退。

西夏乾定四年（1226）八月，蒙古军西路越过沙陀（今宁夏回族自治区中卫），抢占黄河九渡，攻陷应里。

两个月之后的十月，蒙古军的东路军攻破夏州，两路夹击，形成钳形攻势，指向西夏腹地都城中兴府与灵州地区。

关于这一战，后世一直流传着很多版本，其中一种是说：

第四章 帝国的黄昏

成吉思汗在经过河西走廊时不慎落马受伤，因为不想让西夏人得知此消息从而认为自己无力再领兵，所以借故派人赴西夏都城责问李睍说："西夏在蒙古西征时背弃盟约，又大言不惭地出言讥讽，究竟想干什么？"想让李睍胆怯。

谁知李睍对蒙古使者的责问根本没有当回事，反而冷言回复蒙古使者："蒙古要想吞并西夏纯属做梦，西夏举国上下将会全力抵抗侵略者，有种就来贺兰山与我一战！"

成吉思汗听到使者带回的话顿时大怒，不顾身体伤势，继续领兵攻打西夏。

此种说法虽然在某种程度上反映出当时成吉思汗东征西伐誓要吞并天下的个性，却一点儿也不符合李睍当时的状态。

作为一个脑子并不糊涂的一国之君，不可能在明知即将山河破碎的情况下还与敌方逞口舌之快。

从李继迁开始，西夏历代君王对宗主国的态度都是时叛时附，反复无常，神鬼难测，怎么可能在明知江河不保的情况下去火上浇油，惹怒敌人？

十月，蒙古军攻破西夏的核心富饶之地夏州，十一月又马不停蹄地挺进灵州。

要知道，灵州在当时是西夏都城中兴府的最后一道屏障，因此对于都城来说非常重要。

墓史密码之神秘的西夏皇陵

李睍命西夏名将嵬名令公领兵 10 万前去救援灵州。

当时，领军佐里等将领战死沙场，而嵬名令公本人则逃回了中兴府。

《西夏书事》一书卷四十二记载："遣大将嵬名令公以十万众救灵州，蒙古兵渡河邀击，夏兵败走，领军佐里等战殁，遂取灵州。进克兀纳剌城，德任被执，不屈死之。有子惟忠，方七岁，求从死，蒙古将异而执之。"

十二月，蒙古军攻克盐州川，四处搜索，烧杀抢掠。史料中记载，西夏居民幸免于难者"百无一二，白骨蔽野，数千里几成赤地"。

被废的前太子李德任被俘，宁死不屈，最终被杀。

成吉思汗领兵攻取灵、盐二州后，又遣大将阿鲁术督军进围中兴府。李睍遣兵驻扎于合剌合察儿地与蒙古军英勇作战，两军相持不下，蒙古军为此作长期围困中兴府的打算。

西夏右丞相高良惠组织城中军民守城与蒙古军死战。

西夏宝义元年（1227），李睍改年号为"宝义"。

同年二月，成吉思汗率领蒙古大军，南下渡黄河攻入金积石州，随后攻破临洮府及洮、河、西宁三州。

彼时西夏正处在"春寒，马饥人瘦，兵不堪战"的境地。

李睍听闻蒙古军士有数万人患疫病，大喜过望，欲乘机偷袭。

但又听到消息说，蒙古智囊团首席谋士耶律楚材用攻破灵州时缴获的大黄治病，使蒙古军无恙，夏兵遂不敢出。

第四章 帝国的黄昏

三月，蒙古军再次进攻沙州，成吉思汗遣大将忽都铁木儿先招降州将，州将伪降，宰牛置酒犒劳蒙古军，暗中设伏兵以待。

忽都铁木儿险些被俘，脱险后率蒙古军反攻，沙州陷落。

五月，成吉思汗回师隆德（今宁夏回族自治区西吉县），因天气炎热，到六盘山避暑。他见西夏已孤立无援，还不出降，就派御帐前首千户察罕赴中兴府向李睍谕降，又一次遭到拒绝。

六月，一波未平一波又起，此时西夏发生史无前例的强烈地震，宫室房舍塌毁，百姓流离失所，随后瘟疫又开始在城中流行。

被困已半年之久的中兴府，已是粮尽援绝，军民饿得已将城中能吃的都吃了，就差吃人了，加之患病无法医治，早已丧失抵御和作战能力，人人意志消沉，如同行尸走肉。

无可奈何的李睍知道西夏已到了山穷水尽的境地，无奈之下，只好带领文武百官出城奉"图籍"（西夏全境的地图）向蒙古投降，并提出宽限一个月的请求，"以备贡物，迁民户"，而后亲自来朝谒。

此时的成吉思汗已经病入膏肓，驻跸在清水县（今甘肃省清水县）西江（今牛头河）养病，根本无法多费脑力思考，于是答应了西夏的请求。

鉴于西夏以往叛复无常的表现，成吉思汗在弥留之际留下遗言：他死后暂时秘不发丧，以等待李睍献城投降。

西夏宝义元年（1227）七月，一代雄主天骄成吉思汗死于清水县行

墓史密码之神秘的西夏皇陵

宫。

与此同时，西夏最后一代君王李睍出降，皇室举族随蒙古军晋谒，但行至萨里川时全都被杀。至此，西夏这个雄霸西北近200年的灿烂文明彻底淹没在了历史的长河中。

189年，不长不短，恰好缔造一段传奇。

遥想当年，李继迁一人一马勇闯天涯，为党项人争取到了一片净土。其儿子李德明在辽、宋两个强大的政权间左右斡旋步步为营，为党项人赢得了发展的时间与空间。

李元昊石破天惊，在天地的怒吼与混乱的时局中建立了前所未有的属于党项人的王朝。

此后，一代一代的西夏君王，或优或庸，或有为或无能，带领着所有的党项人及西北这片土地上的其他部族，在历史的史诗中越走越远。

而作为西夏的末代皇帝，李睍已经做得够多了。

他不是一个昏庸无能的君主，在面对外敌入侵的艰难时刻，他竭尽所能去保卫自己的国土，只是老天没有给他机会，也没有给党项人机会。

而党项人在西夏王朝最后的岁月里，一样展示出了他们非凡的意志，与敌人抗争到最后，不卑不亢。

虽然在我们五千多年的璀璨文明面前，西夏只不过是一个地处西北的割据小政权，无法与同时期的辽、宋、金等强政权相比，但我们不能用狭隘的历史观去衡量这个曾经璀璨的文明。

契丹人建立的大辽国传九帝，前后共 209 年，算是比较长寿的了；赵匡胤建立的宋朝，北宋享国 167 年，南宋享国 152 年；赶走契丹人的完颜阿骨打所建立的悠悠金国只有 119 年。

而跟以上这些政权相比，地处西北、人口和版图都小的西夏政权却能有 189 年，仅次于辽代寿命，为当时第二长，是时间屹立较久的政权。

在那个风起云涌、弱肉强食的血腥时代里，党项人的西夏却顽强地存活下来，并且比其他政权活得都要安逸些，这一点已足够成为传奇。

因此，西夏是那个时代当之无愧的奇迹，一点儿也不夸张。

二、发掘之谜

随着西夏宝义元年（1227）西夏末代君主李睍悲壮地走出中兴府皇宫的宫门，向蒙古人投降，西夏这个雄霸西北 189 年的割据政权正式宣告退出历史舞台，留下的只有一段段似真似幻的古老传说在时光中回荡。

近千年之后的今天，巍峨雄浑的贺兰山依旧在广袤沙海中坚挺耸立，无数次阻拦住了南下而来的一股股寒流，使得奔腾不息的黄河水在苍茫戈壁间不停流淌，细心灌溉着沿岸的绿洲土地，滋养着万物，让"呵护"与"关爱"始终环绕在西北这片神奇广袤的大地上，最终营造出一方如

墓史密码之神秘的西夏皇陵

画般美丽的"塞上江南"。

"驾长车，踏破贺兰山缺"岳飞这句传诵千古的名句，道出了贺兰山自古以来便是兵家必争之地的事实。

远古先民在这里繁衍生息，历史上诸多游牧民族曾在这里放牧。

古羌、匈奴、鲜卑、突厥、党项，这些在中华历史上曾留下过印记的民族都先后在这里登场，并且均以山石为纸笔，记录下自己生活的点点滴滴，影响着一代又一代的后来人。丝绸之路上的商贾们由此经过，留下一个个文明交融的脚印。神秘王朝在此崛起，剑指中原，却又很快被湮没在黄沙下，为下一个政权的闪亮登场腾出位置。

如今，曾经在这片土地上繁衍生息的民族已随着历史而远去，各个民族之间的纠葛也早就在和平相处中化解，互相融合，但五千年之久的历史中依旧留存着曾经的烙印，那些曾经在贺兰山脚下生活过的游牧民族似走马灯般出现又被淹没，为这片土地封存了丰富的历史文化遗产。

贺兰山脚下的西夏皇陵便是其中之一。

按照《宋史》记载，西夏皇陵共有10座，然而如今呈现在我们眼前的只有9座。

这9座陵墓静静地矗立在宁夏银川西郊的贺兰山脚下。

在前文中，笔者依次为各位看官较为详细地介绍了自西夏太祖李继迁的1号裕陵至仁宗李仁孝的寿陵，共7座帝王陵墓的情况，同时也为各位看官展示了西夏的辉煌历史。

第四章 帝国的黄昏

而到了8号陵庄陵就不同了。这座陵墓现在给人的感觉是十分残破简陋的，似乎预示着从这座陵墓开始，西夏由高光时刻褪去光泽走下神坛。

考古专家们经过研究确认，8号陵的主人是西夏第六代皇帝李纯祐。

8号陵位于整个西夏皇陵区中部偏西处，紧靠着贺兰山。极目远眺，北起泉齐沟，南迄银（川）巴（彦浩特）高速公路，大约40平方千米的陵区尽收眼底：陵区地处贺兰山洪积扇地带，西高东低；从北向南，地形起伏，又将诸陵分为三区，即北区三陵，中区四陵，南区二陵；大小陪葬墓，分布在陵园附近。

8号陵现已是断断续续的残遗，其中有大大小小的土堆，暴露出来的建筑的残垣断壁和残砖破瓦，还有又宽又深的墓道。这一切都说明，这里原来是一座独立而完整的建筑群体。

与其他几座西夏皇陵的格局布置一样，8号陵在建筑规制上与唐宋帝陵没有太大分别。其沿中轴线左右对称布置，之前应该也有阙门、碑亭、月城、神墙、献殿、角楼、陵台等主要建筑，城内四面辟门或建阙楼，墓道、陵台布置在中轴线偏西北处。

目前，已发掘的8号陵数据资料显示，在献殿和陵台之间，有一条似鱼脊的土梁，约长50米，考古工作人员在发掘时已证实其为墓道封土痕迹。

陵墓整体坐北朝南，分内城、月城，再环以外城，呈纵向长方形；

墓史密码之神秘的西夏皇陵

在陵园南端神道两侧，左右对峙，高七八米的土墩称阙台，是陵园的入口。

从北侧进入陵区，是左右对峙的碑亭；进入月城神门，神道两侧原是排列石翁仲，也就是石人、石马之类的石像生的地方；进入内城，四墙正中设门，四角置角楼；陵园中部偏西，前为献殿，是祭祀的地方，后为高大突兀的塔式陵台；陵园外围四角，各有一个土墩，称角台，可能是陵园界限的标志，也是象征守卫的地方。

经过发掘，边长约20米的方形东碑亭基座，方砖铺地，尚且完好。

陵墓高大的塔式陵台是最引人注目的地方。

它远看像是一个圆锥形的土墩，近距离仔细端详，才能隐隐约约看出，是一个五层、八角形的塔状建筑。

8号陵东三四里处，集中了二三十座陪葬墓，前后交错。

这些陪葬墓，有的由土冢、内城、月城、双碑亭组成，有的由土方城、单碑亭组成，更多的则只是一个个光秃秃的土冢。

仔细察看，土冢式样又完全相同：有上小下大的馒头形，有上下收分不大的圆柱形，有上下收分较大的圆锥形。

相比8号陵，夏襄宗李安全的9号陵更加残破不堪，几乎无法辨认，因此专家们曾一度无法断定西夏9号陵墓的主人身份。

直到后来，随着挖掘工作的深入，又通过研究历史文献，专家才最后判定该墓的主人为李安全。

第四章　帝国的黄昏

9号陵在陵邑宗庙遗址以西约500米，7号陵以北约300米处，陵园遭到严重破坏，几乎辨认不出。

陵园的地面建筑仅剩一座毁坏的陵台，夯土仅剩下三分之一。堆积在附近的一大堆大小参差的石块，都是碑刻残块，仅有字的残块就有1000多块，有汉文的，也有西夏文的，没有字的也有一大堆。现在看来，它们都是十分珍贵的文物，但当年究竟是谁将陵墓破坏成这样？

专家们根据历史文献记载以及残留在陵墓周围被火烧过的痕迹进行推断，疑似西夏末年国破家亡时蒙古军队进攻西夏时所为。

不仅如此，深达25米左右的墓室，完全被挖了个底朝天，而且全部被破坏，由此可见，自蒙古大军洗劫之后，这里又多次遭受过盗挖破坏。

明代《弘治宁夏新志》一书中有记载，西夏陵是"仿巩县宋陵而作"，就是今河南巩义的宋代陵墓。

另外，纵观我国古代历朝历代的帝王陵墓，无不以恢宏壮丽气派的布局以及高大的封土来作为防止盗掘的重要屏障。

这其中，最有代表性的是明、清两代的帝王陵墓。

无论是明代还是清代的皇帝陵墓，均把盛放帝王棺椁及陪葬品的墓室建在如山般高耸的封土下方，这样一来，无形之中就给后世想要盗挖陵墓的贼子们制造了困难。

但这也仅是帝王们在生前为自己建造陵墓时的一种防御设置，至于后世盗墓者"道高一尺，魔高一丈"，又如何为了盗墓而"舍生忘死"，

墓史密码之神秘的西夏皇陵

那就不是帝王们生前所能够想到的了。当然，这也不是我们所要讨论的重点，因此暂且放下不论。

回过头来，继续说西夏皇陵。

西夏皇陵与明代以及清代的帝王墓相比就是个例外，甚至可以说是个"另类"。

在之前有关西夏皇陵风水布局的章节中，笔者就曾暗示过西夏皇陵的布局是个"不走寻常路"的设计，它的陵台均不是位于墓室的正上方，而是位于墓室以北10米左右处，根本起不到封土的作用，因此也就谈不上什么防盗了。

从西夏皇陵中出土的兽头、鸱吻等物件说明，陵园原先采用的是传统木构大屋顶建筑，显然是深受中原文化的影响。

此外，西夏皇陵墓道的入口设置在献殿内部，这也是其他历代帝王陵寝中绝无仅有的一种设计。

要知道，隐藏墓道的走向是历代帝王为自己营造陵墓时最费巧思之处，无数工匠大费脑力想将墓道埋藏在隐秘之处。

明代万历皇帝的定陵墓道入口就设计得非常隐秘。

它被设置在宝城的侧面，令人难以察觉，直到20世纪50年代考古发掘时还曾让考古人员苦思冥想，大费周章了一番。

而西夏的皇帝们似乎并不担心，甚至可以说是根本不在乎这一点。

因此在西夏皇陵中，除了墓道入口直接设置在献殿内以外，帝陵的献殿至陵台之间还有一条凸出地面的鱼脊梁封土,而墓道就埋藏在封土下方。

当然,西夏皇陵神奇的地方还不止这一处。

更神奇的还有两位男性皇帝一起合葬的。

这真是闻所未闻,令人叹为观止。

而笔者说的这两位西夏君王也不是别人,正是西夏的神宗李遵顼,和他合葬的正是他的儿子夏献宗李德旺。

三、父子合葬一墓

自古以来,帝王死后的陵墓不是一般人所能比拟的。每朝的帝王都拥有着豪华的陵墓,而且大多数是独占一个坟墓,却也有极个别的帝王在故去之后并不是一个人独享陵寝,而是和他人共享一座陵墓。这种合葬墓虽然并不多,但每一座都给人留下了很深的印象,而且墓主人的身份也都非常显赫,不容小觑。

一般说起古代合葬墓,通常指的是古代帝王、皇后、妃嫔去世之后,夫妻合葬在一起的一种墓葬形制。

而一说到古代最出名的帝王合葬墓,很多人可能会第一时间想起位

墓史密码之神秘的西夏皇陵

于我国陕西省咸阳市乾县县城北部6000米梁山上的唐高宗与皇后武则天的合葬墓——乾陵。

乾县或因此得名。

乾坤就是天地的意思，也有阴阳相融合之意。

作为国内目前陵园规模宏大，在关中十八唐帝陵中主墓保存最完好的一座，也是唐帝陵中唯一一座没有被盗的陵墓，更是中国唯一一座女皇陵，乾陵被国务院公布为第一批全国重点文物保护单位。

女皇武则天在世时乱了阴阳，曾经夺了李唐的天下，国号大周。

当然后世还是由李氏血统继承皇位，于是李唐又重新得了天下，而这中间十几年的"武周"则成了整个李唐王朝的一个小插曲。

武则天在位时期，是整个唐朝，乃至中国古代，思想最开放，女性地位最高的时期。

在那个时代，女性地位很高，一些贵族女性会主动去追求心仪的男性，甚至还会有一个或多个情夫，也不是什么新鲜事。这些都能体现出唐朝是个兼容并蓄，十分包容的社会。

所以武则天开放得超乎想象，她的墓葬也是别具一格的。

在梁山上，山脉起伏绵延，整个山体呈现灰白色，看起来像石灰岩，海拔足有1000多米。

梁山有两座山峰，看上去像女性的乳房，所以当地人也叫它"奶头山"。

从山脚下的远处看梁山，就像是一位婀娜多姿的美妇睡在那里，这恐怕也是武则天会选择这里作为陵墓的一个原因。

除了唐乾陵这种夫妻合葬一处的合葬墓外，在我国古代还有更为罕见的合葬墓，那就是两位男性帝王合葬一墓的现象。

发现这种墓穴对中国历史及陵墓文化具有非常重大的意义。

西夏第八位帝王神宗李遵顼的陵墓便是这种极为少见的合葬墓。

正如它的墓主人李遵顼执政时期那样，这座陵墓给人的感觉也是十分残破简陋的。

西夏乾定元年（1223），状元君王李遵顼意识到自己可能不算一个称职的帝王。由于不想做亡国之君被后人鄙夷，于是他及时选择了退位给儿子李德旺，自己则当上了太上皇。三年后，这位历史上第一位也是唯一一位状元皇帝撒手人寰逝去了，享年64岁。

近千年以后，考古专家在贺兰山脚下不仅发现了西夏9位帝王的陵墓，还发现了253座陪葬墓和16座碑亭。

据记载，李继迁的裕陵、李德明的嘉陵、李元昊的泰陵一一被发现，但考古工作人员数来数去，始终觉得不对，除了西夏末代君主李睍外，怎么也找不到李遵顼及其儿子献宗李德旺的皇陵所在。

难道历史上唯一的状元帝王死后并没有陵墓？

但这是绝不可能的。

按照封建君主们的习惯，一般该帝王在刚登基的时候就已经开始为

墓史密码之神秘的西夏皇陵

自己修建陵寝了。

虽然李遵顼时期西夏的国力已经开始下滑，社会各阶级矛盾也开始激化，国家财政出现了严重问题，但这并不代表他不会为自己修建陵寝，顶多不会像之前的帝王那样大兴土木，在整体规模上或许会缩一些水罢了。

但如果说李遵顼有陵寝，那么他的陵寝又修建在哪里呢？

这个问题一直困扰着考古工作人员。直到2000年，众人开始对皇陵中被盗的泰陵及一些陪葬陵进行全面的考古研究，尤其是对泰陵的抢救性发掘，使考古工作人员对整个西夏皇陵的规制布局等都有了明确的了解。

但即便如此，有关李遵顼陵墓的疑问依旧缠绕在考古工作人员的心头，怎么也无法抹去。

无论众人怎么查阅资料和史籍，搜集民间传说，依然是一头雾水，毫无头绪。

但世上有些事就是很奇妙，你越是想找寻答案的时候，它就越是不出现，可当你不抱希望，甚至开始准备遗忘的时候，它又会突然出现在你面前。

正当考古工作人员"众里寻他千百度"无果，准备放弃的时候，某一天，在测量陵区内的第161号陪葬墓时，有了令人意想不到的收获。

这个之前被众人标注为陪葬墓的大土堆突然变得满是疑点。

在这座陪葬墓前，竟然有个直径近 40 米、深近 7 米的大盗坑，虽然千百年来这里经历了风吹雨打，但是盗坑旁仍然留下了高达 4 米的从盗坑中翻掘出的土堆。

一座普通的陪葬墓怎么会引来盗贼们如此猖獗地盗挖？

除此之外，陵区内的所有皇陵从外观上看起来都像是埃及法老的金字塔，而这座陪葬墓的外观与一般的陪葬墓不同，越看越像皇陵而非陪葬墓。

更重要的是，经过考古工作人员仔细测量，这座编号为 161 号的陪葬墓的尺寸，不仅大过了所有的陪葬墓，而且还远远超过了其他西夏的帝王陵墓的尺寸。

尽管 161 号陪葬墓出土的文物没有明确指出该墓主人是何许人也，但从地面上遗留的大量西夏文及汉文残碑可以推断出来。

经过分析与考证后，专家认为，在汉文残碑中，有一块上面有"齐王以孺幕"五个字，由此便初步断定该墓的主人为西夏第一位状元皇帝李遵顼。

因为《西夏书事》一书中记载："遵顼……纯佑廷试进士，唱名第一，令嗣齐王爵。"西夏皇建二年（1211），秋七月"齐王遵顼立，改元'光定'"。

因为受到当时政治格局的影响，李遵顼的父亲不可能以帝陵形制为自己建造陵墓，所以这段碑文所记载的人物极有可能就是李遵顼本人。

墓史密码之神秘的西夏皇陵

此外，在另一块残碑上的碑文有"降虞舜"三个字。

熟悉历史的人都知道，这"虞舜"指的就是上古时期的尧、舜、禹三位杰出的部落联盟首领，也是华夏自古以来公认的三位始祖。

所以残碑上出现这三个字，极有可能是借着虞舜来比较李遵顼生前执政时的圣明，又或者是借着尧舜禅让的典故来赞颂西夏光定十三年（1223），李遵顼自号上皇，传位于自己儿子的做法。

基于以上这些特点，考古工作人员便大胆推测，161号陪葬墓不仅是规模最大的一座西夏帝王墓，而且极有可能是一座合葬墓，甚至就是西夏第八位君王李遵顼和其子李德旺的合葬墓。

因为在《宋史·夏国传》中有一段明确有关西夏皇陵的记载，上面写到了9座西夏皇陵的陵号，例如：李继迁的陵墓叫作"裕陵"；李德明的陵墓叫作"嘉陵"；李元昊的陵墓叫作"泰陵"。但是到了夏神宗李遵顼的时候却只记载了他的庙号和谥号，唯独没有陵号，而他的儿子夏献宗李德旺更是只有一个庙号，没有谥号和陵号。

通常情况下，有庙号和谥号就应该是有陵墓的，起码夏神宗李遵顼应该是有陵墓的，但是很可惜没有。

因此，在近些年里，一直流传着一种说法，那就是，这两位西夏君王极有可能是埋在同一座陵墓里。

此外，在西夏皇陵区200多座陪葬墓中，只有这座161号陪葬墓不仅比其他陪葬墓大，规模更像皇陵，而且距离6号皇陵也是最近的，都是紧靠着贺兰山修建，单从位置上看，就很特别。

这座陪葬墓虽然在规模上比 6 号皇陵要小一些，但周围的城墙至今依旧保存完好。

唯一不同的是，这座墓的标配建筑献殿已遭到严重破坏，如今根本无法辨认。

陵台前西侧土堆中出土一枚光定元宝，正是李遵顼执政时期所铸的钱币。这个土堆是早年陵墓被盗挖时从墓室中搬运的泥土堆积而来，因而这枚铜钱自然也是墓室中的陪葬品。

除此之外，考古工作人员在清理 161 号陪葬墓的西碑亭废址时，出土有汉字"破会州"三字残片。

按照《金史》中所记载，西夏攻金国会州（今甘肃靖远一带），一是在光定二年（1212），二是贞祐元年（1213），但两次攻伐均未成功，一直到了金兴定四年（1220）八月，才攻陷会州，但仅仅三年之后，也就是西夏光定十三年（1223）冬天，会州则又被金人收复了。

这段历史就是发生在夏神宗李遵顼在位期间。而之后《金史》中再也没有出现过有关西夏攻打会州的任何文字。

这座陪葬墓的主人既然和攻打会州有关联，因此这"破会州"的碑文为判定 161 号陪葬墓主人的年代又提供了一条间接性的有力证据。

因为李遵顼生于南宋绍兴三十三年（1163），在 49 岁时，也就是南宋嘉定四年（1211）继承皇位，卒于南宋理宗宝庆二年（1226），而该墓

墓史密码之神秘的西夏皇陵

的建造年代为 1226 年左右。

根据残碑中的记载以及其他种种迹象，专家们得出结论，161 号陪葬墓很可能就是西夏第八位君王李遵顼的陵墓，因此该墓应该是西夏皇陵中的第 10 座皇陵，而且还是西夏两位君主的合葬墓。

在"践其位，行其礼，奏其乐，敬其所尊，爱其所亲，事死如事生，事亡如事存，孝之至也"的中国古代，作为一国之君，西夏的两位君王驾崩之后居然葬在了一起，显然是因为当时内忧外患的形势使得西夏精疲力竭，财政已经无法支撑修建规模庞大的皇陵。

夏神宗李遵顼与夏献宗李德旺两位君王去世的时间仅仅相差了两个月。

随后，成吉思汗的蒙古铁骑便迅速包围了西夏的都城。

此时距离夏神宗李遵顼去世有 9 个多月，距离夏献宗去世只有 7 个多月。

专家们推测，以当时西夏境内的局势，修建一座帝王陵墓还是完全没有问题的，但要同时修建两座帝王陵基本就是天方夜谭了。

因此，西夏末代君王李睍极有可能将两位君王合葬在了一座陵墓中。

倘若真是如此，无法给这座帝王合葬墓上陵号也是情理之中的事。

但为什么这座墓没有建造献殿呢？

因为献殿主要是给后来的帝王来陵墓祭拜先祖准备的，而以当时西夏内部紧张的情况来看，亡国已成定局，只不过是时间问题，所以夏末帝心里很清楚,这个时候已经完全没必要再用大量的人力、物力、财力修建一座没有后人祭拜的献殿了。

总之,这座161号陪葬墓很可能就是夏神宗与夏献宗两位君王的合葬墓。

另外,关于西夏各座皇陵的墓主人,目前其实只有7号皇陵因为考古工作人员拼出了一块完整的墓碑,被考古学家百分之百确定墓主人为西夏第五位君王夏仁宗李仁孝。对于其他皇陵,专家们只能凭借文献记载和陵墓周围的遗迹来做判定,并不能百分之百确定墓主人身份,因此在很大程度上这依然是一个谜。

当然,对于整个西夏皇陵来说,所存在的以及现今依旧未揭开的谜团可不止以上这些,它还有一个至今令人困惑的谜。

那就是,在偌大的西夏皇陵区内竟然没有一座是皇后或皇妃陵,这跟我国古代的其他帝陵,尤其是与西夏同一时代的宋陵有着很大的不同。

◎西夏皇陵建筑又被称为"东方金字塔"

墓史密码之神秘的西夏皇陵

考古工作人员至今也没有在陵区内找到一座属于西夏皇后或皇妃的陵墓。这些曾经影响过西夏命运走向的女性们，她们如今又被葬在了何处？

西夏这个在历史长河中如浪花水珠般的王朝，虽只存在了近两个世纪，却仍给后人留下了一道道难以解开的谜题。

第五章

玉殒香消空留恨

墓史密码之神秘的西夏皇陵

历朝历代每位君王除了自身政绩外，绕不过的还有那些宫闱秘史，帝后、宠妃……这些君王背后的女人们往往将君王的一生衬托得更加立体和多彩。

我国清代历史记载的共有12帝，却有28后。你方唱罢我登场，一代新人换旧人，后宫的女人们一生都在为争夺君王的宠爱而存在着，但其中也不乏类似武则天、吕后这种专心"干事业"的女性，她们长袖善舞，在政治舞台上找到了自己的位置，留下一段佳话；但更多的则像杨贵妃那样，沦为政治牺牲品而香消玉殒，给后人留下的只有一段段美丽的传说和对佳人逝去的感叹。

近一千年前，在大西北由党项人所建立的西夏地方割据政权，在近200年的时间里，留存在历史上的除了前文提到的君主们，还有帝国的女人们。

可以说，西夏政权延续了近两百年，几乎有一半的时间都是掌控在这些女性的手中。

这些女性不但影响了整个西夏王朝的政权兴衰走向，也同时在历史中留下了她们个人在政治舞台上长袖善舞、令人难忘的一页，但她们的结局不尽相同。有的死后墓葬被盗，有的被埋葬在边远县城的一隅，还有的在佛塔孤独终老……她们从光鲜亮丽到香消玉殒，命运伴随着君王政权的更替而变化。她们留下的除了"帝国女人"这一称号外，都化作一抔尘土。那些墓葬，那些传说，当我们靠近它们时又能发现什么呢？

在这一章里，笔者会将几位女性作为主角，逐一向各位读者介绍她们死后的墓葬情况。

一、一座西夏太后陵，为何出现一男三女遗骸？

时间来到 1977 年，距离整体发现西夏皇陵区，已经过去了整整 5 个年头。

在这一年，为了更好地保护和研究西夏历史与皇陵建筑，国家文物事业管理局批准当地对墓葬进行挖掘保护。

秋季的某一天，宁夏银川市郊外的贺兰山脚下，人头攒动，一群考古人员正在对一座古墓进行抢救性发掘。

西北独有的干燥气候使得现场每个人的嘴唇都因缺水而干裂脱皮。

墓史密码之神秘的西夏皇陵

随着头顶上的太阳一点点西斜，大家的工作也进入了最后的收尾阶段。

眼前这座编号为M177的西夏墓室深度达到了21米左右，仅清理封土就花去了7个多月。

从墓葬的整体规模来看，这应该是一座高等级贵族墓葬。

对于当时整个西夏陵区来说，这座墓是一座非常突出的帝王陪葬墓。

首先，它非常高耸，而且周围也没有发现任何盗洞，这就说明，此墓并没有遭到盗墓贼的光顾和破坏。

要知道，西夏皇陵在历史上的损毁情况是非常严重的。

抬眼望去，几乎每一座墓都或多或少被盗墓贼光顾过，因此在这种情况下，能遇上一座没有盗洞的墓葬，对考古工作人员进一步了解西夏墓葬的形制以及结构都是很有帮助的，这让众人感觉到很兴奋。

时间在不经意间似盐碱地上的水渍一般，很快便流失蒸发。

7个月的时间转瞬即逝，众人的工作也随着墓道的清理接近尾声。

通向墓室的大门，此时已出现在众人面前，触手可及。

然而，就在众人怀着激动的心期待着的时候，考古现场却传来了人人都不愿意听到的坏消息。

考古工作人员在进入地宫后，懊恼地发现，这座墓依旧没有躲过盗墓贼的光顾，墓室斜角上有个明显的盗洞。

显然，这座墓也早就被洗劫过了。

第五章　玉殒香消空留恨

墓室中凌乱不堪，除了几具散落在地上的尸骨和一件残破的石人头像之外，众人在这里没有发现任何有价值的陪葬品。

眼前的一幕让每个人的心瞬间跌到了谷底。

但不管如何，大家的考古工作却还需继续下去。

为了弄清楚墓主人的身份，考古人员对在该墓室中发现的人骨遗骸进行了鉴定。

当时一共发现了四具人骨遗骸，考古权威鉴定出的结果显示，所发现的这些尸骨的年龄层次是明显不一样的。

其中一具男性尸骨与另外三具女性尸骨的年龄差距较大。

三具女性尸骨一具是70岁左右，另外两具则是40至50岁的中年时段。

虽然这座墓葬遭到了盗墓者的光顾，但考古工作人员还是按照流程对该墓室进行了清理，希望能够发现一些有用的线索。

就在这个时候，一名年轻的考古队员无意中的发现给大家的挖掘工作带来了意想不到的收获！

这名年轻的考古队员名叫李范文。

当年的他还只是在考古现场负责后勤工作的人员。

这一天，艳阳高照，万里无云。

到了正午时，众人用过餐后陆续开始休息，只有考古队队长带着李范文以及其他几名队员下到墓室中进行例行工作检查。

墓史密码之神秘的西夏皇陵

由于墓道极为狭窄，众人只能一个接着一个鱼贯而入，并以纵队的方式前行。

当时的李范文是走在队伍最后的一个。

他的脚在无意间划了一下地上的浮土。

也就是这无意间的一个动作，使他发现了一个非常硬的东西，定睛一看，原来是一个似铜又似铁的东西。

于是李范文赶紧叫住走在前面的队员们。

众人听到李范文的召唤后，立刻纷纷转身向回走，大家七手八脚地扒开地上的浮土，一只巨大的铜牛便露了出来！

这座铜牛就是我们在前文中提到过的"鎏金铜牛"。

如今，这件珍贵的鎏金铜牛被珍藏于宁夏博物馆的"西夏寻踪"展厅。

当时，专家们分析，能用铜牛做陪葬品的，其墓主人生前的身份一定不同寻常。

那么，问题便随之而来了，这座墓的主人究竟是什么人呢？

随后，考古队员在墓室外的碑亭处发现了一些碑文残片，其中一块写有汉字的碑文残片似乎透露了一些墓主的重要信息，上面镌刻着一行文字：

"有淑德，天盛二年庚午秋，嬉戏宛如成人之风。"

在这一句话中，"天盛二年"是西夏第五位皇帝仁宗李仁孝在位时期使用的年号，而"淑德"二字似乎指的是墓主人的名字或暗示了女性身份。

专家通过解读碑文上的内容，结合一系列的史料记载，又梳理了李仁孝时期有可能埋葬在陵区内的女性历史人物，最后推测，这座墓葬的主人有可能是西夏仁宗李仁孝的庶母——任太后。

此外，碑文中的"嬉戏宛如成人之风"的意思则是说，任太后本人在幼年时期和同伴们玩耍时就显示出不同于普通孩童的大家风范。

李仁孝16岁登基成为西夏的君王，尊任氏为"太后"。

这位位高权重的任太后，幼年就生活在皇宫中，17岁时正式被自己的父亲任得敬献给了李仁孝的父亲李乾顺作为皇妃。她一生贤良淑德，做了太后之后，具有了监国的身份和责任，虽掌握了朝廷大权，却从不越制。

在当时的西夏，"监国"是女性亲政时最高的职务，具备一票废黜的权力。

而任太后的墓室中的两名中年女子有可能是任太后生前的两名侍女，她们的年龄与陪侍者的年龄相符合。

三位女性的身份都被大致确定了，就只剩下最后一名中年男子的遗骸了。

这名中年男子是谁？他与任太后又有什么关系？为什么会在任太后的墓室中呢？

墓史密码之神秘的西夏皇陵

专家们根据出现在墓室顶部的盗洞分析，这名中年男性或许根本不是和任太后一同下葬的陪葬者，而是一个死在墓室中的盗墓贼。

任太后因病驾鹤西去之后，就被李仁孝厚葬在了皇陵中。

几百年之后，西夏已经不复存在，而西夏皇陵也已经变成了孤坟野冢。

某一个月黑风高的深夜，一群鬼鬼祟祟的盗墓者游魂般潜入了这片陵区，打破了长久以来的宁静。

他们匆忙的脚步停在了任太后的墓前，开始了谋划已久的盗墓活动。

他们打通了只能容下一人的盗洞之后，由一名盗墓贼深入地下21米左右，并进入了任太后的墓室。

借着昏暗的火把光亮，他睁大了双眼，在墓室中四处寻找着值钱的文物。

最终，这名中年盗墓者将眼前所能看见的所有的金银珠宝等陪葬品悉数放进了一个竹篮里准备取走，接着他手脚并用，非常麻利地将竹篮紧紧捆绑在绳索之上。

与此同时，在盗洞口守候着的其余盗墓者发现绳索有动静，立刻开始用力往上拉升绳索。

但谁也没有想到，这群见财忘义的盗墓贼在见到宝物之后已经动了想独吞宝物的心思。

而此时还在墓室里的中年男子却丝毫不知晓自己同伴的心思。

第五章　玉殒香消空留恨

他把绳子系在腰间,双手紧紧抓住绳子,被守在洞口的同伴们一点一点地拽上去。

可是,就在这名中年男子将头刚露出盗洞外,连一口气还没喘匀时,守在外面的同伴就忽然割断了绳子。

于是,这名中年男子就从高空中掉了下去,重重地摔在了墓室里。

而就在这一瞬间,这名中年男子突然被一个石人头像砸中了天灵盖,当场昏死过去。

男子的同伴见男子掉了下去,立刻七手八脚,将盗洞口填埋起来,之后匆忙地离开了现场。

那名昏死在墓室中的中年男子怎么也没有想到,一个石像生的文臣头像竟然会成为断送自己性命的凶器。

这就是任太后墓中会有一具中年男性尸骸和一个本应该在地面之上的石像生头像的原因。

由于这座编号为M177的墓葬外形高耸,非常引人注意,因此才会吸引盗墓者来光顾。

那么,墓室中的鎏金铜牛又为何没被盗走而留下来了呢?

对此,专家们做出了如下分析:

这可能是由于西夏墓葬墓室封门的程序是先用木板封住墓室入口,木板外面则用大石块累积起来,时间一久,木板腐朽,石块对木门产生了压力,而木门上的浮土垮塌下陷将铜牛埋在了下面的土中。而且铜牛

墓史密码之神秘的西夏皇陵

比较大，也比较重，很难移动，因此也就无法成为盗墓者的目标。

西夏虽然地处大西北的黄土高原，却十分重视农业，因此对牛也是非常重视的。而在那个年代，耕地种田主要靠牛。

在中国甘肃瓜州县榆林窟出土的西夏时期的壁画《犁耕图》，正好反映了当时西夏农业发达的特点。

在画面中，农夫右手扶犁，左手挥鞭，抽打着前方两头健壮的耕牛，而两头耕牛正奋力地拉着犁头。这种二牛抬杠图与中原的耕种方式有所区别，但又非常接近，显示了当时西夏境内的农业是非常发达的，甚至可以说已经与中原的农业水平不分高下。

随着任太后的墓葬被发掘，考古工作人员又陆续在西夏皇陵内挖掘出了更多具有参考价值的文物，这些文物的挖掘也为专家们提供了更多研究西夏丧葬习俗的线索。

二、埋葬在灵光寺附近的西夏皇后

在宁夏回族自治区的中卫市，有一个被叫作"海原县"的地方。

这个县目前看来虽毫无特殊之处，但是西夏的开国君主李元昊在这里建造过一座著名的佛教寺院"灵光寺"。

第五章 玉殒香消空留恨

灵光寺位于海原南华山西麓，距县城 20 千米处，是西夏天授礼法延祚五年（1042）西夏君主李元昊主持修建的，西夏大安七年（1081）被宋将李宪烧毁，现山上只剩下建筑的遗址。

西夏天授礼法延祚五年（1042），西夏开国君主李元昊携爱妃没藏氏栖居此地，因而在此地建造行宫。

行宫依山而建，亭水相映，飞檐斗拱，绵延数里。境内五泉竞洌，华山叠翠，自然景观奇丽壮观。

灵光寺现为西夏佛教寺院遗址。寺周围草木茂盛、山峰突兀，山势雄秀，风光如画，分布于山上的桦树及上万亩松林郁郁葱葱，四季景色宜人，引人入胜，雾凇盈林、景色别致，已成为休闲避暑的好去处。

2000 年 9 月 12 日，这座被损毁近千年的灵光寺又传出了振奋人心的新消息：海原县南华山灵光寺西夏国王避暑宫旅游区开发者刘嘉荣先生声称在灵光寺附近发现了西夏时期的大型墓葬。

得到消息后，相关的考古工作人员立刻赶到现场进行考古挖掘，发现这座陵墓是建在灵光寺天然森林区的一个名叫虎嘴子的山头上。墓呈圆包形，高约 9 米，底部直径在 25 米左右，上面长满了茂密的草木，墓顶还有盗墓人留下的盗坑，墓的东面被林场挖去当路通行。从剖面可以看出，墓是用黄土一层一层垒筑而成，整个造型类似西夏皇陵的墓堆。

这样的墓葬，其墓主人究竟是谁？

这是考古队最为关注的问题。

墓史密码之神秘的西夏皇陵

然而，在墓葬中未能发现可以直接证明墓主人身份的文物，唯一的依据就是碑亭中出土的残碑了。

碑亭出土的残碑块上有"野利公讳"的字样，这是一条珍贵的线索。

在千百年前的西夏时期，野利氏是党项八部之一，是党项大族。

当时，李元昊之妃宪成皇后、其祖母顺成懿孝皇后均为野利氏，还有野利仁荣、野利旺荣、野利遇乞等，特别是野利仁荣，还是西夏文字的主要创造者之一。

在我国中古时代，有地位的人死后，家族人员总要请人写神道碑、墓志铭之类的，而西夏文化有很大一部分吸收了唐宋文化，因此西夏人死后撰写墓志铭的做法与唐宋没有太大的区别。

李元昊的宪成皇后，为西夏天都山（今宁夏回族自治区海原县南华山一带）人氏，是此地大将"天都大王"野利遇乞最小的女儿（也有史料记载为野利遇乞的妹妹），史称"野利氏皇后"，她窈窕高大且有将相之智谋，曾跟随西夏开国皇帝李元昊20余年。李元昊移情没藏氏后，野利氏皇后失宠，终日闷闷不乐。加之野利旺荣、野利遇乞被离间计所杀，导致野利氏皇后对李元昊怨言颇深，最终被李元昊罢黜桂冠并不复相见。野利氏皇后只能悻悻然返回故里，本想就此安静度过余生。不料风云难测，西夏天授礼法延祚十一年（1048），西夏太子宁令哥被没藏讹庞设计而谋杀，已经回到故里的野利氏皇后也没有躲过这一劫，西夏延嗣宁国元年（1049）春被西夏国国相没藏讹庞遣人执杀之，后葬于此。

专家们推测，该墓可能为西夏宪成皇后野利氏的墓葬。千百年后，当这座陵墓重见天日时，后人除了欣慰于见到一些当时皇后的陪葬品外，可能更会感慨墓中人与国家政治紧密相连的命运，还有对君王无常的叹息。

三、佛塔女尸之谜

我们大家都知道，古今中外，棺椁一般都是木制的或者是石制的。

但是，传说在秦始皇陵中，用的是金棺。

这一点只能期待在未来的某一天，我们有能力也有把握的时候再挖掘秦始皇陵一探究竟，揭晓答案。

当然，以上这些无论是什么棺椁，无外乎都是传统意义上的陵墓形制，它们的墓主人都是在去世之后被下葬的。但各位看官有没有听说过在佛塔下埋葬尸体的呢？

相信大家肯定会感到很好奇，这到底是怎么回事？

佛塔下面怎么会埋葬着尸体呢？

在前文中我们曾经说过，内蒙古自治区额济纳的哈拉浩特曾经是丝绸之路的咽喉要塞，其地理位置并不是十分优越，甚至有些人迹罕至，带点恐怖色彩。

墓史密码之神秘的西夏皇陵

这里曾经拥有广袤的水域，仅古居延海就有 726 平方千米。

1000 多年前，在三面临水的绿洲之中，这里是西夏北面最繁华、经济最发达的城市。

西夏乾定四年（1226）二月，黑水城经历了一场毁灭性的血战，如今黑水城外满地都是碎骨，半埋在沙土里。

截至目前，这里现存城墙为元代扩筑而成，平面为长方形，东西长 434 米，南北宽 384 米，周长约 1600 米，最高达 10 米，东、西两面开设城门，并加筑有瓮城。

城墙西北角上保存有高约 13 米的覆钵式塔一座，城内的官署、府第、仓敖、佛寺、民居和街道遗迹仍依稀可辨，城外西南角有伊斯兰教拱北（拱形建筑物或圆拱形墓亭）一座，全城面积超过 18 万平方米。

该城分为东、西两部分，西城为军政官署和寺庙等宗教活动场所，东城则为吏民和军队居住区及仓库等。

城东、西各有一座城门，门宽 4.5 米，建有瓮城，瓮城门南向；城墙高 11 米，墙四角加厚，呈圆锥形，顶部外侧建有女墙一道。

城中有一条大道贯穿东西，城东南有一座方形堡子，堡东有一座高土台，台东又建有两排房屋，外有围墙。城外是居民的宅院。

黑水城在元朝为亦集乃路，蒙古语称哈拉浩特，其意思依然是黑水城。明代之后此城逐渐荒废，被淡忘在了历史中，埋在了黄沙之下。

在很多小说和影视剧如《鬼吹灯》系列、《盗墓笔记》系列与《古董

第五章　玉殒香消空留恨

局中局》中都曾出现过这处神秘的地方，作者们喜欢引用，并将这里作为"案发地"。

而在现实中，哈拉浩特这处神秘的地方则有着比小说里更加精彩的真实故事。

在西夏时期，党项李氏皇室在此设立"黑水津灵宫"。

作为西夏重要的农业基地和边防要塞，哈拉浩特已经保存了700多年，是"环城路"以北古城遗址中保存最完好的。

元朝时期，哈拉浩特则是河西走廊通往岭北行省的驿站要道，1286年，元世祖忽必烈还曾扩建此城。其在明朝之后逐渐荒废，一直到清末。

一个多世纪以来，这里出土过不少珍贵的西夏文物。

当然除了文物之外，还包括一具近千年的女性尸骸，她会是谁呢？

一切还要从1909年说起。

还记得前文中我们提到过的俄国人科兹洛夫吗？

没错，在这个事件中他依然是关键性人物。

1909年的夏季，这个俄国探险家以科学考察的名义，带着全副武装的军队来到当时的中国，来到哈拉浩特后，他的真面目就一点点地暴露了出来。

从4月1日起，科兹洛夫一行人在黑水城的佛塔、寺庙和官场进行了挖掘，并挖掘出大量珍贵文物。

这座被风沙掩埋了几个世纪的城市，就这样惨遭毒手。

墓史密码之神秘的西夏皇陵

这是他第二次来到这里。他的目标是一座 12 米高的佛塔。

当科兹洛夫一行人用手中的铁锤砸开封闭了近千年的佛塔木门时，如山一般成堆的古代文献与佛像让众人都惊呆了。

更让他们惊奇的是，在文献和佛像的包围中竟然端坐着一具人的骨架！

这个人是谁？

为什么会葬身于此？

他是这些佛经和典籍的主人吗？

科兹洛夫一行人在佛塔中一共挖出了 3 本西夏文书和 30 本西夏文小册子，还有钱币、金属碗等文物，光是文物就装满了 10 个大箱子。

可恶的是，科兹洛夫和他的队员将能偷走的文物带走之后，对于那些不能带走的，竟然直接将它们损毁，我们近千年的文物就此被损坏殆尽，简直是可恨至极。

据历史记载，黑水城的佛塔中搜集了各个朝代各个国家的名人画作、珍贵瓷器，可以说是件件都能代表一个国家一个朝代，包括了西夏文、汉文、藏文、波斯文等 8000 余种文物写本，都是无价之宝。

科兹洛夫一行，可谓是我国文物损失惨重的浩劫。

这次的行动更被称为"中国文献研究的千古劫难"。

科兹洛夫当时也对这具人骨尸骸产生了极大的兴趣。

在当地人的帮助下，科兹洛夫十分顺利地将这些西夏时期的文物以

第五章 玉殒香消空留恨

及那具佛塔中的尸骸一同运回了沙皇俄国。

当时的俄国人类学家研究后认为,科兹洛夫运回的尸骸是一位60多岁的东方女性,是典型的西藏、蒙古人种。

另一位俄国汉学家结合挖掘现场的环境和历史资料,大胆地推测出一种观点,佛塔中的女性尸骸应该就是西夏时期的罗太后。

罗太后是西夏历史上有明确记载的最后一位太后。

罗太后生前好佛,很可能就是因为醉心佛法,选择在佛塔中离世。

不过也有一种说法。

由于罗太后的儿子拒绝做罗太后的傀儡,因此罗太后便与侄子李安全联手发动政变废黜了自己的儿子。

但是,罗太后低估了李安全的野心和能力。

根据有限的史料,李安全做了储君之后,罗太后就忽然从历史中消失不见了。

而这很有可能是因为,李安全掌握了西夏的大权之后,便用各种手段控制住了罗太后,限制了她的人身自由,并最后将她放逐。

而罗太后在最后的人生里,从都城被流放到了黑水城。

此时的罗太后渐渐清醒,陷害了自己的儿子使她心灰意冷,因此只能每日每夜在佛灯与经书的陪伴下孤独凄凉地度过余生。

虽然这种猜测当时遭到了很多人的质疑,却也引发了众人对于罗太后的好奇。

墓史密码之神秘的西夏皇陵

斗转星移，万物乾坤。

一转眼数十年已过去。

随着时间的推移，正当俄国考古界想进一步揭开这位罗太后的神秘面纱时，一场毁灭性的浩劫忽然降临了——令人感到恐怖又害怕的第二次世界大战爆发了。

在整个混乱的第二次世界大战期间，这具存放在苏联列宁格勒的女性尸骨被来回迁移多次，最终不知去向。

◎西夏皇陵航拍图

第五章 玉殒香消空留恨

至此，关于该尸骨身份的猜想似乎也成了考古界一个永远也解不开的谜团。

但是，在黑水城佛塔内发现的佛教经典及文献中多处标有"罗太后"罗氏的题记和印章，为后来人揣测罗太后那神秘而波折的一生提供了一个非常好的想象空间。

第六章

历经风雨而不倒的"守陵者"

墓史密码之神秘的西夏皇陵

一、风雨同舟

在现代社会中，人们很少会接触到石像生，甚至有很多人根本不知道石像生是什么，有什么用途。

但在过去两千多年的封建社会中，石像生作为一种象征，一直伴随着我们的历史走过了漫长的路。

在前文的章节中，笔者曾提到过石像生。

那么，到底什么是石像生呢？

说白了，它其实就是古代一些墓葬中安放的石人、石兽之类的雕刻，又称"翁仲"。

在墓中摆放石像生这种做法开始于秦汉时期，此后沿用不衰，只是数量和内容不尽相同。

但你可不要以为，随便什么人死了之后都能在自己的墓中弄几个石像生摆着，只有身份十分显贵的帝王将相死后才能享受这种待遇。石像生是皇权仪卫的缩影。

在封建时代，什么级别的人死后陵墓修建多大、什么规格，都有着严格的规定。它代表了墓主的等级地位，如三品以上官员准用石兽6只，五品以上官员准用4只。

至于皇帝陵当然不受限制，唐朝高宗李治和武则天的乾陵共有石人、石兽过百件。

据传，石像生起源于陵墓石刻，而中国古代陵墓石刻起源于何时，迄今无定论。

石像生作为王公大臣陵墓前的仪卫性雕刻，是中国古代雕刻艺术特有的一种表现形式。

汉朝名将霍去病的墓应该算是我国有史以来最早的有石像生的一座墓了。

在《史记索隐》中有载："冢上有竖石，前有石马相对，又有石人。"

到了北宋末年，形成了以轴线对称分布的石像生，而元、明、清三朝，则承袭了北宋这种风格，均是以轴线为中心的墓葬形式。

与两宋同一时期的西夏石像生，除吸收了中原的优势外，还融入了很多党项人自己的特点。

西夏陵园的石像生不像河南省巩县（今巩义市）的宋陵那样，分布于从鹊台至内城神门之间漫长的神道两侧，而是集中排列于内城前增筑的月城之内。

墓史密码之神秘的西夏皇陵

这些石像生（群），虽然早已被严重损毁，但是，从仅存的部分残件——石像生头、肩、腹部及手掌等残块，仍可看出雕刻手法十分写实，同时对人物精神状态的刻画也很细致入微。例如文臣头像，脸颊丰腴，八字胡须，高鼻深目，神态自若，人物刻画得栩栩如生，可谓西夏石雕人像的代表作品。

从石像生腹、身残块来看，文臣腹下有飘带，武将腰侧挎刀剑。参照唐宋石雕，不难想象这些拱手执笏或双手按剑的文武侍臣端正直立恭谨待命的神态。

西夏陵碑座与唐宋陵墓迥然不同，非龟趺座而为正方体人像石座，前后共发现11件，均为顶部平整，正面减地浮雕力士像。

根据造型的不同，人像可分为三种类型。第一种类型5件，其中6号陵出土1件、8号陵出土4件，红砂岩，石座均为三面减地浮雕力士像。力士屈膝跪坐，俯首前视，面型浑圆，双

◎石像生

第六章 历经风雨而不倒的"守陵者"

眉粗壮,双目圆睁,高颧塌鼻,獠牙斜刺,或袒胸露乳,或以肚兜罩腹,双手抚膝支撑,双膝屈跪,手腕及足胫均有钏饰。

第二种类型3件,均出土于3号陵东碑亭,灰砂岩,呈方形。其力士造型除一例双臂举手上托外,其余基本与第一种类型的碑座相同。

所不同者,此类型力士造型减地剔刻尤甚,人像各个部位轮廓突出,力士显得更为孔武有力。

第三种类型3件,均出土于3号陵西碑亭。

其体积较第一、二种类型大,呈长方形,为正面减地浮雕力士像。

从远处看,力士脸面夸张,似人非人,像兽非兽;近看则头像硕大,面型浑圆,大眼圆睁,柳叶状眉,鼻梁垂长,宽嘴厚唇,獠牙外龇。另外,力士像面部似有彩绘墨迹。

◎石像生

墓史密码之神秘的西夏皇陵

人像石座出土以后，即为学术界所注目。但是，就其功用和力士造型的渊源等问题，似嫌论述不足。现据有关新资料再略作探讨：

就其用途而言，6号陵原发掘者未敢肯定为碑座，后来又有人认为是柱础。在发掘了3号陵东碑亭之后，专家们认为它们就是碑座，笔者归纳论据如下：

其一，从3号陵和8号陵石座出土时的情况看，其均位于碑亭中心，横行排列有序，且周围散见大量石碑残块。石座为正方体且居碑亭中心位置，不为碑座又作何用？有推测其为柱础者，言之不确，因为3号陵东、西碑亭室内直径均仅7.5米，小小的碑亭竟用如此多之柱础，显然于理不合。

假定石座为柱础，则石碑在如此空间内根本无法存置，既为碑亭，碑石显然不可能置于室外而空设此亭，故其为石座非柱础。

其二，6号陵碑亭所出土的石座上部一角阴刻西夏文3行17字，右起第一行4字似可释为"口子重负"（前边两字可能为神或人名，疑为某某力士之代称），中间一行4字似可释为"志铭基座"，第三行9字模糊不清。

石座背面阴刻一行汉字"垒砌匠高世昌"，即石座制作之初，工匠似已言明其为碑座。

其三，根据缀合及碑边纹饰推测：墓碑由碑首和碑身两部分组成，首身一体，不与碑座相连，碑通高约3米、宽1.5米、厚约0.4米。又根据 3 号陵东碑亭石座排列情况：座宽 + 间距 + 座宽 + 间距 + 座宽 + 间距 + 座宽 =0.6+1.0+0.6+1.3+0.6+1.0+0.6 米。

由此可知，从空间分布及力学、审美角度分析，一个石座驮负一碑的可能性不大。从石座间距分析，显系两两成组排列，且两个石座之间的跨度仅仅允许一座石碑置放。

因而两个碑座驮负一座石碑的可能性大一些。

也就是说，无论人像石座本身的铭文，还是它的体积、位置以及排列分布情况，均证明其为碑座无疑。

就力士造型和装饰而言，最初的发掘者认为与当时西夏社会习俗有关，是受西南少数民族文化习俗影响所致，此言甚是。

时至今日，以所见考古实物再补充说明。西夏这种负物力士形象与五代十国之一的后蜀（934—965）政权的张虔钊、孙汉韶诸墓中出土的石雕抬棺力士像极为相似，唯后蜀石刻力士鬈发披肩，有的戴幞头，有的盘坐等，与西夏力士形象有差异。

此外，从构图到造型、装饰等技法均如出一辙，如眉、目、肚、腹的雕刻，手腕、足胫的装饰，浑圆粗犷的造型等手法，西夏雕刻的力士形象，显然与后蜀有着某种渊源。

当然，以上这种推测仅代表笔者的个人观点。

墓史密码之神秘的西夏皇陵

二、西夏皇陵的三个秘密

为什么千百年来没有任何飞鸟愿意靠近或落在已经残破的西夏皇陵？

西夏皇陵为什么能在雨水较多、容易暴发洪涝的贺兰山脚下屹立千年而不倒？

这些充满了神秘色彩又非常古老的皇陵究竟还有多少不为人知的秘密？

在前文中我们曾经提到过，11世纪前后，党项人的领袖李德明、李元昊父子俩已经着手开始为自己及先祖修建陵墓。

西夏皇陵的建造思路及过程，展现出了党项人高超的建造智慧。

西夏皇陵的外观独特，与我国古代历朝的帝陵王陵都不一样，酷似埃及的金字塔，因此也有人将其称作"东方金字塔"。

但也许有很多人还不知道，西夏皇陵除了以上这些神奇之处，还蕴含着生命厚重的文化与社会意义。

党项文化、中原文化、佛教文化等各种文化元素杂糅在一起，十分和谐地体现在了西夏皇陵身上。

第六章 历经风雨而不倒的"守陵者"

这也就是人们愿意花费很多时间去研究、探索它的根本原因所在。

但是，这中古时期的古老皇陵的背后显然还有着许多不为人知的秘密，等待着后来人一点点挖掘、解密。

而西夏皇陵那三个秘密，至今依旧在吸引着人们，流传之广，简直超乎想象，成为与"喀纳斯水怪""秦始皇陵"并列的几大未解之谜。

接下来，就让我们一起来了解一下关于西夏皇陵的三大未解之谜。

未解之谜之一：

为什么近千年以来西夏皇陵上从不长杂草？

这第一个秘密是不是就让各位感到非常神奇，甚至有些不可思议呢？

因为按照正常的思路，我国古时的陵墓都是按照风水布局的，假如有一座陵墓上没有植被，只能说明该陵墓的风水不好，而且给人感觉非常诡异。

试想，一座毫无生气的陵墓怎么会造福子孙后代呢？

但是，这种观念在西夏皇陵面前似乎根本不适用，党项人当年建造陵墓时似乎根本没有考虑过这个问题。

那么，这到底是为什么呢？

其实，究其原因，这与西夏人当年建造陵墓时采用的原材料有着密不可分的关系。

简单来说，党项人当年修建陵墓时采用的是熟土和生石灰。

当年修建皇陵的时候，工匠们会十分认真地筛选黄土，之后将筛选

墓史密码之神秘的西夏皇陵

出的黄土放进蒸笼里蒸煮，蒸完之后再放进炒锅里如同炒菜般反复进行翻炒。

经过了蒸和炒之后的黄土便失去了滋养植物生长的功能，不仅如此，在土坯完成之后，工匠们还要在外面贴上一层琉璃瓦。

而且，西夏皇陵的陵塔外形呈锥子状，这种形状，最大限度避免了雨水在陵塔上停留，能最大限度保持陵塔夯土的干燥，这也就是其千年来不长杂草的根本原因。

未解之谜之二：

人们发现，在西夏皇陵的周围没有人和鸟类愿意停留。

其实，这个问题的答案很简单，而且跟上一个问题是有关联的。

正因为西夏皇陵长年来不长杂草，无草也无木，所以各种鸟类也就不会来到这片区域栖息停留。

未解之谜之三：

西夏皇陵为何千年不倒？

要知道，西夏皇陵在建造的过程中对于技术和材料的要求是十分严格的，这也是西夏皇陵比一般陵墓坚固的原因之一。

此外，西夏皇陵之所以坚固的另一个原因，还与它独特的地基有着密切关系。

因此它的建造时间也比一般的帝陵所花费的时间要更长一些。

这又是为什么呢？

其实，这是因为西夏皇陵所处的地理环境十分特殊，它的主体位置位于贺兰山的冲积扇附近，那里地势较低，泥沙堆积。

但问题就出在这几千年以来累积的泥沙之上。

因为泥沙的颗粒很大，而且质地也非常粗，因此湖泊河流里的水流经过这里时会急速渗透下去。

所以，西夏皇陵如果不采取独特的建筑模式的话，会很容易浸泡在水里，不管统治者们使用多么昂贵的材料都将无法阻止西夏皇陵底部结构彻底腐烂。

因此，为了让皇陵保存得更加持久，聪明的匠人们就将皇陵的地基做得十分高。

除此之外，他们还在皇陵的周围开辟了无数条泄洪沟。这样一来，到了每年雨水泛滥，导致周围河水水位增长迅猛，甚至有可能引发山洪的时候，这些泄洪沟便能派上用场，发挥最大的作用。

由此，不得不承认，古人的智慧超乎我们想象，尤其在建筑方面更是令今天的人们叹为观止。

第七章

在异国他乡的国宝

墓史密码之神秘的西夏皇陵

位于俄罗斯圣彼得堡的冬宫博物馆是世界四大博物馆之一。这座拥有300多年历史的博物馆珍藏着来自世界各地的珍贵艺术品和文物。这里有两个展厅，摆放着来自古老东方的西夏文物。这些文物无一例外，全部与那100多年前俄国的探险家科兹洛夫有关，都来自遥远的黑水城。

当1909年，科兹洛夫带领着探险队，用40多头骆驼将2万多卷文书和无数件价值连城的珍宝从黑水城运出来后，这些文书和珍宝辗转多地，最终被存放在了圣彼得堡的冬宫博物馆内。

摆放在这里的每一件精美的艺术品仿佛在告诉来参观的人们，消失近千年的西夏政权曾经是多么鲜活而生动。

水月观音像是科兹洛夫当年从黑水城带走的无数珍宝之一，此画融合了汉、藏两地的艺术风格，堪称西夏绘画名品，现珍藏在俄罗斯冬宫博物馆内。

水月观音坐于铺着毯子的石凳之上，右腿半盘，左腿蜷曲而立，右手拄在石凳上，左手搭在左膝上，表情娴雅，背靠于岩石。岩石嶙峋，

第七章 在异国他乡的国宝

岩石间两棵竹树挺拔而生。

在观音的左边石凳上放着一个净水瓶，瓶里插着杨柳枝。

水瓶上方是站在浮云之上有背光的童子，观音被淡淡的圆光所笼罩。

石凳前是一条弯曲的河流，靠近观音前边的水中荷花绽放，象征着彼岸极乐净土，而靠近另外岸边则碧波荡漾，喻指婆娑世界。

一老者手持香炉，带一童子乘云渡河。在观音对面的河岸上，有四名身着西夏服饰的男子在弹琴吹笛，随着乐声翩翩起舞。其身后有两匹骏马：一匹昂首站立，身披铠甲，旁插一杆红缨枪，上边飘扬着幡带；另一匹驮着行装，悠闲地低头吃草。

从画面便可判断，乘云渡河的老者是已经死亡的幽魂，而弹琴歌舞的几人可能是老者的亲属子女。

◎水月观音像

墓史密码之神秘的西夏皇陵

由四个人和两匹马组合而成的弹琴歌舞图作为配图，配图中的人物都足穿高筒靴，短衣长裤。一人前额秃发，后留发梳两辫子，展开双臂而舞；一人脑后剃发，头前留发两边梳辫子，拍手而舞；一人剃发弹琴；一人戴帽吹奏笛子。

这是目前我们看到的唯一一幅用乐舞图作为水月观音配图的画作，同时也赋予了水月观音为亡魂引路的内涵。

这幅乐图对我们研究西夏时期的乐舞具有很高的学术价值。

接下来为各位看官介绍的是一件绝世佳作——黏土彩塑双头佛。

这尊佛像双头神情各异，分别向左右微侧、稍垂，头顶螺髻，鼻梁挺直，双眼俯视，面部丰满慈祥、略带微笑，显得神情生动、优雅、柔和，富有感染力。一体四臂，四只胳膊各作姿态，搭配在同一个躯体上，显得很自然、很妥帖，没有丝毫累赘和多余。

佛像表面镀金并以颜料着色，佛面部表情富有生气。塑像体态优美，加上头部的适度倾斜，使得整个塑像外形柔和而富有动感。

其中两臂在胸前双手合十，另两臂下垂、向左右下方伸展，而且无论你从哪个角度看，每一尊佛头都与佛身和双臂完美地结合成一个整体。

时至今日，镀金消失，色彩褪去，这尊塑像却以它永恒的艺术魅力，在雕塑艺术史上占据着重要的位置。

事实上，这尊佛像已经同时具备了四尊佛像的不同造型与神态，造型奇特、精美绝伦，堪称当之无愧的绝世珍品。这尊黏土彩塑双头佛与水月观音像都是现存于俄罗斯冬宫博物馆的西夏文物。

西夏历代统治者当年积极借鉴中原文化，翻译了大量的汉文典籍，如《论语》《孟子》《孙子兵法》《孝经》等。特别是唐代于立政编撰的类书《类林》失传已久，敦煌文献中只存零篇断简，而西夏文刻本则保存完整。

除此之外，笃信佛教的党项人自然少不了佛经的陪伴。

在前文中我们曾提到过，西夏的几位皇后、太后都是虔诚的佛教徒，因此曾经动用大量的人力、物力去翻译抄刻佛经。

这些佛教经典有的译自汉文《大藏经》，也有的是西夏人自己编纂的经典。

这些见证西夏历史的珍宝当年被科兹洛夫盗走后，如今与水月观音像、黏土彩塑双头佛一起收藏于俄罗斯艾尔米塔什博物馆、俄罗斯科学院东方研究院，也有一部分经辗转后被大英博物馆、法国卢浮宫博物馆收藏。

由于缺乏有价值的第一手资料，长期以来考古界形成西夏遗址在中国，西夏学研究却在国外的局面。

但值得一提的是，近些年来，通过我国专家的不懈努力，我们自己研究编撰的《汉夏字典》现已出版，为进一步揭开西夏文字的神秘面纱做出了巨大贡献。

第八章

拨开历史的迷雾

墓史密码之神秘的西夏皇陵

一针一线，一砖一瓦……当这些蒙上尘埃的物件再次出土时，总多了一些历史的厚重感。西夏皇陵的出土，让我们一点点拼凑着有关那个时代的画像，它们静静地躺在那里，我们凝视它们，它们也在召唤着我们，于是，我们背上行囊，在历史长河中游走、思索着。而一些与之相伴的传说也成为埋藏在沙滩里的贝壳，拨开历史的迷雾，真相到底是什么？西夏的黑水城有着什么样的传说？为什么吸引着一批又一批的人前往？西夏灭亡之后，党项人的后代又去了哪里？党项人跟现在的西北又有着什么样的联系？在这一章节，我们讲述西夏皇陵的挖掘所带来的一些思考和发现。

一、黑水城的传说

在这一节里，我们来聊聊西夏黑水城。

黑水城，又被称作"死亡之城"。据说，在蒙古族的百姓中间，这座"死亡之城"还流传着颇为神奇的传说。

很久很久之前，在西夏国的军事重镇黑水城曾驻扎着一位"哈拉将军"，他的名字叫哈日巴特尔（蒙古语，意为黑英雄），因为驻扎在黑水城故而也被人称作"黑将军"。

这位黑将军武艺超群，骁勇善战，通晓兵法，是当地响当当的大人物、大英雄，深得皇帝喜欢，于是皇帝将自己的小女儿许配给了这位黑将军做哈敦（汉文译为"夫人"）。

黑将军并不甘心久居人下，他还想更上一层楼，但由于实力有限，影响力也有限，因此黑将军选择暂时隐忍，静静等待时机。

经过数十年的努力，黑将军的羽翼逐渐丰满，实力也强大了不少，足以威胁到皇帝的统治，于是便在私下里招兵买马，囤积粮草，企图发动政变，篡权夺位。

这本是个秘密的计划，除了黑将军身边的几个亲信外，并没有其他

墓史密码之神秘的西夏皇陵

人知道。

但就是这么秘密的一件事情，却偏偏被黑将军的枕边人、皇帝的小女儿知道了。

她将黑将军的阴谋用飞鸽传书的方式告诉了远在京城的皇帝。

皇帝得知消息后勃然大怒，发兵数十万进攻黑水城，并向城中的兵民悬赏通缉黑将军。

但黑水城固若金汤，皇上的大军对其久攻不下，为了防止黑将军暗自逃脱，皇帝下令大军将黑水城团团围住，断其粮草，以达到使其不攻自破的目的。

为了尽快攻克黑水城，皇帝请来国内最好的巫师卜卦，巫师说："黑水城地高河低，围城官军在城外打井无水，城内军民却不见饥渴之象，肯定有暗道通水，如果将这条水道堵截，则必胜无疑。"

于是，皇帝又增派数万大军赴鄂木讷河上游的咽喉部位，一部分士兵随着巫师们高声读着咒语，另一部分士兵用头盔盛着沙土，在河上游筑起一道巨大的土坝，截断了城中水源。

没过多长时间，城中储水耗尽，人畜饥渴，近城的禾苗枯萎，士兵们饥渴难耐，只好在城的西北角打井求水，不料却滴水未见。

黑将军看到城池危在旦夕，失败已成定局，决定与对手进行最后的决战。战前为防备万一，他把库内所存的80余车黄金连同其他难以计数的珍宝全部倒入那口枯井中，又亲手杀死自己的妻儿。

第八章 拨开历史的迷雾

一切处理妥当之后，黑将军便在城西北侧破墙打洞，率领士兵倾城出战，身先士卒直冲敌营。经过殊死拼杀，终因众寡悬殊全军覆灭，最后黑将军自刎而死……

当地民间相传，只要在黑水城方圆二三十里内打井，无论打多少口、打多深，最后出来的都是涸井，这是因为当年那位皇帝所派来攻打黑水城的军队在围城堵塞河道时随巫师念了咒语。而且在城内，每当狂风骤雨等恶劣天气过后，总能看见天边有一青、一白两条巨蟒出现，那就是当年黑将军一家人死后，他的两个孩子的冤魂化身而成的。

时至今日，在黑水城遗址西北残破的城墙上，可以很清楚地看到一个可容纳骑骆驼或骑马的人通过的洞口，据说这是昔年黑将军领兵与皇帝军队对战突破时所挖的通道；在城内西北角有个大坑，民间流传说它是当年黑将军用来埋藏巨额财宝的一口深井；而黑水城附近的那座高大沙岭"宝格德波日格"，就是传说中皇帝大军截水所修筑的大坝。

自那场浩劫大战之后，黑水城一夜间变成了一座废城，再也没有任何生机。

不知过去了多少年，城池来过一批又一批的人，试图在这里找到那批巨额的财富，但这些人最终不是无功而返，就是神秘失踪，按照附近百姓的说法，那是中了黑将军的诅咒。

当地人由于恐惧黑将军的诅咒，因此从不敢靠近此地一步。

而这么一来，也使得"死亡之城"更加恐怖，更加诡异了。

墓史密码之神秘的西夏皇陵

二、西夏灭亡之后，党项人的后代都去了哪里？

西夏宝义元年（1227），蒙古大军攻破了西夏的都城兴庆府，至此西夏政权正式灭亡。

然而，政权的灭亡并不是真正的灭亡。攻破西夏之后，蒙古人建立的政权为前朝修史时，对西夏这个存在了近200年的西北政权却只字不提。

这样的做法使得在元朝之后的很长一段时间里，人们无法清晰完整地了解西夏这个曾经在西北雄踞一时的王朝，更无法了解党项这个古老而又神秘的民族。

那么，西夏灭亡后，西夏的主体民族党项人的命运如何，他们的后代又去了哪里呢？

这个问题曾经一度困扰着中外史学界的很多人。

1882年，英国学者巴卜尔首次在其《中国西部旅行及考察》一书中，提出了党项人失踪的假说。

但假说只能是一种猜想，无法说服人，因此为了找寻事实的答案，中国学者花费了长达上百年的时间去探寻，直到20世纪80年代，学者

第八章 拨开历史的迷雾

史金波四处奔波辗转多地，最后终于了解到在安徽省可能还有着党项人的后裔。

经过实地探访调查，史金波与同事吴峰云得到了一个令人十分震惊的结果，安徽省合肥市竟然存在着姓"余"的西夏党项后裔。

这次不再是书写在纸上的文字和人们口中的传说，而是真实存在并且活生生的人。

几乎就在同一时间，在河南省的濮阳县内，一些当地的村民也在为自己的身份而困扰，希望能有历史学者来为他们答疑解惑。

当时，史金波与同事吴峰云在安徽的桐城和安庆一带找到了一个有5000多人的"余"姓后裔群。

奇妙的是，这些余姓人群中的每一个家族都保留着自己的详细家谱，而这些家谱都能追根溯源到一个共同的祖先——余阙。

余阙（1303—1358），字廷心，一字天心，出生于庐州（今安徽合肥），是元朝时期的官员，元统元年（1333）进士及第，授同知泗州（今安徽泗县）事。至正十二年（1352），余阙代理淮西宣慰副使、都元帅府金事，分兵守安庆。此后五六年间，余阙率兵与红巾军激战百余次。至正十八年（1358）春季，红巾军再次集结，战船蔽江而下，急攻安庆城西门。余阙身先士卒亲自迎击，拼斗中突见城中火起，余阙知城池已失守，遂拔刀自刎，自沉于安庆西门外清水塘中，时年56岁，谥忠宣。其与北宋包拯、明代周玺，并称"庐阳三贤"，有《青阳集》传世。

墓史密码之神秘的西夏皇陵

余阙的先祖沙拉藏卜是唐兀人，而唐兀人这个称呼则是元朝时期对西夏党项后裔所用的，这也就说明，余阙及其先祖是西夏党项人或党项人的后裔。

余氏的家谱从第一代沙拉藏卜记载到了余阙，之后又从余阙记到了其后人，一直传承到了当今第23代。

而河南濮阳县杨十八朗村村口有一块已经竖立了几个世纪的石碑。

杨姓的村民们非常重视、珍惜这块从祖辈传承下来的石碑，因为石碑上刻写着有关杨家先祖的历史变迁。

碑文上说，杨家人的祖先叫作"唐兀台"，最初从宁夏贺兰山一带迁徙至此。

除了这块立在村口的石碑外，杨姓村民还保留着从清代至今的"杨姓家谱"，家族一代代的传承历史清晰且详细地记录在上面。

前来调研探访的历史学者将村口石碑上的碑文、杨家人的家谱和历史文献记载三者合并在一起，进行严格对比之后得出的最终结果是，杨氏家族的先祖是西夏党项人的后裔。

"唐兀杨氏家族"中的"唐兀"二字其实指的就是党项人，而"杨氏"则指的是其家族现在改了汉姓"杨"。

由此便可断定，当年被蒙古人所灭的西夏党项人的后裔并没有随着政权的消亡而消失。

在西夏灭亡之后，党项人遭受到灭顶之灾，但幸运的是，大部分党项人并没有消失，他们中的许多人开始在蒙古人建立的元朝供职。

而当时的元朝将全国人口分为四个等级（近年来，也有学者认为是划分为四个民族），分别是蒙古人、色目人、汉人、南人。而来自西夏的党项人与其他从西北、西亚、中亚来的民族被划为色目人，他们在整个元朝时期深入社会的各个阶层，为当时的中央政权发展做出了极大的贡献。

但在整个大元帝国灭亡之后，这群西夏的党项后裔再一次沉寂，明代中期后就彻底从历史记载中销声匿迹了。

其实，史学家根据多年在四川、西藏、青海、甘肃、内蒙古以及南宋都城杭州等地的调查考证，并结合文物考古实证，最后断定党项人后裔自西夏，尤其是元朝灭亡之后，应该主要有五个去向：一是逐渐汉化；二是逐渐藏化；三是蒙化；四是回化；五是迁入中亚，甚至进入了尼泊尔。部分西夏后裔流亡到山西、河北、河南、山东、四川、西藏等地区，变成了汉民。其中河北、河南、安徽等地较多。

（一）汉化的党项后裔

在北京市的居庸关、河北省的保定地区也发现有西夏文碑，说明部分西夏后裔进入汉族地区并逐渐汉化，在河西一带、江浙地区均有记载证明有西夏后裔存在。

此外，在陕北米脂、横山等地居住着许多拓姓居民，他们都有可能是西夏党项拓跋氏（李元昊一系）的后裔。在西安市居住的李培业所珍

墓史密码之神秘的西夏皇陵

藏的9部皇族家谱，清楚地记录着他自己及家族成员是昔年西夏末帝李睍的后代。

（二）蒙古化的党项后裔

根据西夏残留的文献记载，党项人的祖先被称作"弥药人"。

西夏宝义元年（1227），成吉思汗率领蒙古大军灭西夏后，蒙古统治者曾多次把西夏遗民迁往他地，还有部分西夏人投降或被俘虏，最终成为蒙古人的一部分。

经过专家走访调查，西夏当年曾在今天的内蒙古自治区鄂尔多斯地区驻军，西夏末年，这里被蒙古军占领。但目前住在此地的一些居民仍然称自己为"木讷"，即"弥药"，由此便可证明他们是西夏人的后裔。

（三）回化的党项人

元朝初期，世祖忽必烈曾将成吉思汗西征时俘获的大批信奉伊斯兰教的中亚士兵和工匠安置在了西北河西走廊一带，和留在故居的党项人杂居在一起。随着时间的推移，留在这里的党项人后来逐渐与新邻居融合，最终组成了今天的回族、撒拉族、保安族、东乡族等几个民族。

（四）藏化的党项人

此外，在今天四川省甘孜藏族自治州的木雅地区，也有一部分党项人的后裔。他们的先祖在西夏灭亡之后，经过长途跋涉来到此处定居下来，并且还建立了一个小政权。

至今，在当地的藏族居民中还有不少关于这个政权的传说，他们把这个小政权的首领叫"西吴王",实际上也就是"西夏王"的意思。

时至今日,在四川省生活的木雅人依然保留了自己特有的语言和习俗,他们说的语言在当地被称作"木雅语"或"道孚语",这与古代西夏党项人说的语言在发音上非常接近。而更有意思的是,"道孚"就是古音"大夏",这一点再一次证明,当年有部分党项人在西夏灭亡之后,循着祖辈来时的足迹再次返回了西南高原,与当地的藏民逐渐融合在一起,并最终成了藏民的一部分。

根据文献记载,藏语中的"木雅"一词源于宋元时期汉文文献中的"木讷""母纳"与"密纳克"等,本意是指西夏国都兴庆府。

可以说,今天在中国境内很多省份多多少少都有西夏党项人的后裔,党项人作为一个族群虽然已不复存在,但他们的后世子孙世世代代生活在这片中华大地上,并融入其他不同的民族中,为今天中华民族的形成和发展做出了卓越贡献。

三、党项人与西北文化

西北是一片富有神秘色彩的土地,它的神奇就在于历史上这里既是西方通往我国的咽喉要道,又蕴含着丰富而深厚的文化底蕴。

而西夏党项文化便是其中之一。

墓史密码之神秘的西夏皇陵

说起来，党项这个古老的少数民族对西北，尤其是陕、甘、宁、青四地的历史文化产生了极为深刻的影响，甚至可以说是融入今天所有生长在西北地区的每一个人的血液里，只是今天生活在西北地区的人早已在记忆中忘记了这个古老而又神秘的西北民族。

李唐时期，吐蕃势力的迅速扩张，使得原本生活在今天四川、青海、甘肃三省交界地区的党项人不得不选择内迁，投靠强大的李唐王朝，将其作为自己的保护伞。

恰逢李唐当时奉行的是开明且包容的民族政策，于是将归顺的党项人安置在了甘肃东部、陕西北部及宁夏部分地区，由此党项人从西南高原一路向北。其在生活方式上，也从一个半农半牧的民族逐渐转变成了一个以农业为主的定居式民族。

内迁后的党项人从陌生到熟悉再到完全适应西北当地的自然环境与人文，最终成为黄土高坡不可分割的一部分，生齿日繁，人口渐涨。

在这期间，党项人与中原王朝的关系处在一个"蜜月期"，尤其是党项人毫不犹豫地"扶唐灭黄"，与中央政府坚定地站在了一起，为日后子孙李继迁、李德旺、李元昊三人在西北长期扎根和雄起打下了坚实的基础，也捞足了政治资本。

这一点在今天陕西省榆林市横山区韩岔镇元盆洼出土的拓跋守寂墓志铭中表现得非常明显。

该墓志铭不仅回顾了党项拓跋氏先祖由东胡鲜卑拓跋部与羌、藏三

第八章 拨开历史的迷雾

族融合的悠久历史，同时可从墓志铭上的语气看出，盘踞在西北的党项人以及其他部族都已完全臣服于拓跋氏家族："世雄西平，遂为郡人也。"

此后的 200 年间，党项人在拓跋家族的带领下，不仅在西北这片土地上站稳脚跟，更成为这里的主人，统辖着银、夏、绥、静、宥五州的广袤土地。

党项人盘踞西北的时间较长，前后大致可分为三个重要阶段：拓跋氏党项阶段、李元昊之后的西夏阶段和最后的元朝阶段。

从李唐时期党项人进入西北，中央政府在此羁縻开始，到李元昊建立西夏政权，为党项人的第一个阶段。进入西夏政权时期后，党项人在与中原宋王朝时附时反的争夺中逐步扩大自己的地盘，并且十分重视对这里的经营，这段时间长达近 200 年。等到西夏政权灭亡之后，西北地区的主人换成了蒙古人，虽然朝代更迭，但党项人或者说党项人的后代并未随着王朝政权的灭亡而消失，更没有完全撤出西北地区。一部分党项人留恋故土，隐姓埋名，甚至隐藏于其他民族之中，继续在西北的广袤地区生息了百年有余，直到明朝中期阶段，在史料中还能零星地看到几处党项后人的大家族活动。但也仅止于此，此后的文献记载中再也找不到有关党项人的任何信息，党项人从这时开始正式退出了中国历史舞台。

因此，从李唐王朝时期党项人开始内迁算起，到元明时期剩余的党项人的群落活动，党项人在西北地区前后生活了长达 700 余年。纵观我

墓史密码之神秘的西夏皇陵

国历史，两个在西北地区活动时间最长的民族，一个是匈奴，另一个就是党项。

匈奴人从秦汉时期崛起到魏晋时期，一直在西北这片土地上世世代代繁衍生息，直至与这片土地上的其他民族融合成一体。

党项人则更不必多说，整个西北地区是党项人发展并且壮大的根据地，而五州之地则是其生活的核心区域，因此党项人对这片土地有很深的感情。

这里不仅是党项人的根据地，更是党项拓跋氏多代人的出生之地，例如李继迁就出生在无定河畔的银州，而在陕西省北部的无定河流域发现的大量党项贵族墓志是最好的证明。

正是由于西北地区在党项人的发展壮大过程中是一个极为特殊的存在地，因此党项人也对它产生了强烈的情感，这一点在北宋初年李继迁上表北宋文书中提到："夏州荒土，羌户零星，在大宋为偏隅，于渺躬为世守。祖先灵爽，应恋首丘；明发私怀，敢忘宗土？"从这段文字中便不难看出，党项人对西北有种深入骨髓的故土情感。

由于党项人在西北地区生活了很久，因此也在此处无意间留下了很多有形或无形的文化遗产，这些文化遗产总结起来大致可分为三类：

其一是珍贵的文物遗迹。今天在我国河套地区存有大量西夏时期的文物和文化遗迹，其中包括城址、墓葬、窖藏、窑址等。与内蒙古鄂尔多斯等地区的分散遗迹相比，西北地区尤其是在陕、甘、宁三地交界区域，明显具有密度高、数量多的特点，而这一点显然与党项人的发展历史密不可分。

单单在陕北地区出土的党项西夏墓志就有几十块之多，当然这其中还不包括盗掘流失和民间私藏的不为人知的部分。

由此可见，党项人当年遗留下来的文化遗迹非常具有价值意义，也必将在西北这片土地上为地域文化继续增添光彩。

其二是历史烙印。无论是一个国家的国史、一个地区的地方史还是一个家族的家族史，都会对自身所经历的过去、所发生的事实进行记载和梳理，这种方式无论是对一个国家、一个地区还是一个家族来说，都是重要精神意志的传承载体。反之，其自身必将会很快被淹没在芸芸众生里，也会很快被历史所遗忘。

清代学者龚自珍在《定庵续集》中载："预知大道，必先为史。灭人之国，必先去其史。"所说的就是这个意思。

党项人不仅在西北地区占据了较长的时间，同时也在西北地区人的精神形成以及性格塑造方面起到了很大的作用，今天西北地区土生土长的人，性格中多多少少都有当年党项人的影子。

虽然元朝人并没有为党项人写史，没有给予近200年历史的西夏政权足够的重视，但明、清两代的历史学者却写出了《西夏书事》《西夏纪事本末》《西夏书》《宋西事案》等多部有关党项、西夏的历史文献，使得被尘封几个世纪的党项历史的基本框架能够呈现在今天的众人眼前。

墓史密码之神秘的西夏皇陵

也正是由于这些文献典籍的存在，我们才了解到当年党项人在西北生活的大概面貌。

对于这一点，很多学者都有共识，如新中国成立前西北名士曹颖僧先生经过搜罗文献、实地考察，历时数载撰成《西夏文史荟存》一书，其中大量描述了党项人在西北地区生产生活的事实，均有据可考。

其三是民俗资料。相信很多人都对《穆桂英挂帅》《杨门女将》等戏曲、评书、章回小说非常熟悉，但大多数人不知道的是，这些故事就是以西夏、辽国、北宋鼎立时期为背景所创作出的作品，而且其中一些故事就发生在今天西北的陕甘宁地区。

因此，今天的西北陕甘宁交界地区流传着大量与党项西夏有关的民族典故、谚语及地名。

虽然这些特征时至今日还没有十分可靠的证据考证，但千百年来零零散散的民俗现象是观察其原貌最好的突破口。

例如，在今天横山区等地流传着一种被称为"横山老腰鼓"的民间舞蹈形式。据当地人介绍，该舞蹈早期阶段只限于男性表演，刚劲有力、排布整齐，大有古代兵戎相见之气势。

但可惜的是，没有人知道该舞蹈的源头出自哪里，而文献中也没有记载，因此笔者猜想，这种民俗舞蹈是否与党项人有关？

西夏灭亡之后，蒙古贵族便将西夏皇族视作应剿灭的对象之一。

可对于西夏境内的普通百姓而言，这天下只不过是换了个皇帝，对

第八章 拨开历史的迷雾

他们自身并没有多大影响,他们该放羊放羊,该种地种地,生活没受丝毫影响。

他们与当地包括汉族在内的其他民族不断相互融合,和平共处,世世代代继续生活在西北这片土地上,只是随着时间的推移,随着历史的变迁,他们的后世子孙已经完全不记得自己血液中还流淌着党项人的血,完全以他族的面貌生活着。

但也正因为如此,那些党项人的印记会在今天西北民俗文化中残存一些影子,产生一种特有的西北民俗文化现象。

这就是今天的西北人民在精神、面貌、气质和价值观念等方面不同于其他地区民众的重要原因。

可以说,历史上的党项人与今天的西北人有着密不可分的关系。

近年来,随着社会的发展、地区文化的自信,遗留在西北广袤大地上的党项文化遗产也引起了人们的重视,尤其是西夏皇陵等一系列有关西夏党项人的文化遗产向普通民众的开放展览,使得更多的人对西北这片土地产生了浓厚的兴趣。那个曾经在众人脑海中偏远、荒凉、神秘的地区,如今已完全改变了大众的固有认知,也正在以厚重的历史与崭新的面貌走进人们的视野。

参考书目

①［清］吴广成. 西夏书事校注［M］. 胡玉冰，校注. 上海：上海古籍出版社，2021.

②［清］周春. 西夏书校补［M］. 胡玉冰，校补. 北京：中华书局，2014.

③吴天墀. 西夏史稿［M］. 北京：商务印书馆，2010.

④陈海波. 西夏简史［M］. 北京：民主与建设出版社，2016.

⑤脱脱. 宋史［M］. 北京：中华书局，1976.

后 记

一望无际的荒漠之上，矗立着高低错落的黄土堆，阳光照射在黄土之上，让人恍惚间有了穿透时光之感，肆意狂奔的西北风，更增添了雄浑酣畅的意境，星星点点的游客出现在这里。

如果说贺兰山像是一条侧卧着的巨龙，阻挡住了西北大漠的风沙，保护住了东南面银川平原的绿洲，那么，贺兰山脚下的西夏皇陵则正是这条巨龙头上的眼睛。

这里的黄沙中埋藏着近千年的神秘古国——西夏。

在这片土地上，曾经生活着充满活力、充满野性且纯朴善良的党项人。

他们在这里世代繁衍，生生不息。从李继迁到李睍，骁勇善战的党项人用勤劳的双手开创了西夏盛世。

可是后来，由于草原蒙古人的崛起以及其他种种原因，西夏这个西

墓史密码之神秘的西夏皇陵

北古国一夜间就蒸发在历史的长河中，淹没在了沙海里。

但更令党项人想不到的是，耗费心血花了近两百年经营的国家刚毁灭不久，皇陵也遭到了毁灭性的破坏。

西夏皇陵究竟是被谁摧毁的，至今仍是个谜。

或许，只有那雄伟的贺兰山见证过当年的真相。

在世人已将这个神秘的地方淡忘之时，只有那高大的黄土台和断壁残垣还在用自己的方式向后来的人们诉说着当年的那段传奇故事。

历史并不会被遗忘，它会用自己独特的方式回归，诉说着某个时代的故事。

当人们再度站在这雄伟的贺兰山脚下时，一座座的坟冢成为回望历史的桥梁。人们拿起相机记录下眼前的景象，彩色的照片映照着历史的镜像，于是过去和现在、彩色和黑白产生了某种联系，看客变成了主人。

历史从不会淡忘自己的孩子，尽管西夏王朝在历史记载中占据着不多的笔墨，但谁也不会否认它的存在，依旧矗立的西夏皇陵便是历史镌刻的丰碑。

大漠孤烟，长河落日，西夏皇陵静静站在那里，风霜雨雪，炎热酷暑，依然保持着自己独特的姿态，向每一个试图走近的人诉说着那段历史。它是西夏王朝权力的象征，也是党项文化凝练的象征，它的身上承载着历史的厚重，透过它，我们才能触摸历史，穿透时光。人们在历史

后　记

中向前，又在前进时回望，历史的变化，王朝的更替，沧海桑田，是每个人都绕不过的。唯有了解历史、学习历史，才能在千变万化的洪流中保持一颗处变不惊的心。

白玉京写于二〇二二年夏